GUIDE TO CONSUMER
CROSS-BORDER INVESTMENT

中国消费企业跨境投资导读

中国投资有限责任公司研究院　编写

人民出版社

丛书编委会

主　　编：彭　纯
副 主 编：居伟民　杨国中　屠光绍　刘　珺　沈如军
　　　　　郭向军　祁　斌　潘岳汉

执行主编：祁　斌

写作小组组长：陈　超　盛伟华
写作小组成员（按姓氏拼音排序）：
　　　　　贾　非　刘　烜　李　佳　刘少伟　聂　汝
　　　　　全文磊　邵亚楼　盛伟华　田勤政　唐昇儒
　　　　　王尔康　王　锦　王中阳　危结根　吴撼地
　　　　　许　真　张　栩　赵墨盈　邹　琳
校　　审（按姓氏拼音排序）：
　　　　　鲍建敏　陈　佳　田　园　王　艳　张　硕

本书执笔：赵墨盈

总　序

　　改革开放以来,我国经济发展取得了举世瞩目的成就,经济总量跃居全球第二,7亿多农村人口摆脱贫困,创造了史无前例的奇迹。但新时代我国仍然面临新的挑战。从经济发展阶段来看,尚未脱离所谓的"中等收入陷阱"。从金融发展水平来看,间接融资仍占绝对主导地位,不利于创新经济的发展,也孕育着潜在的系统性风险。从国际环境来看,经济全球化遭遇暗流,发达国家保护主义上升,文明冲突与地缘政治因素错综交织,而中美贸易摩擦更是提醒我们在中华民族的伟大复兴的道路上不会一帆风顺。

　　面对百年未有之变局,党的十九大提出以推进供给侧结构性改革为主线应对我国经济社会发展的内部挑战;积极促进"一带一路"国际合作,坚持"引进来"和"走出去"并重,推动形成全面开放新格局来应对国际挑战。

　　作为中国对外投资的旗舰平台,中投公司成立12年来搭建了专业化的投资团队,树立了专业、负责的良好国际形象,成长为全球第二大主权财富基金,境外投资年化收益率达 6% 以上,并在帮助中国企业"走出去"方面积累了较多宝贵经验。在对外投资环境日趋严峻的新形势下,中投公司要在更高的水平上再出发,服务国家全方位、多层次、多领域的对外开放格局,围绕创新对外投资方式、加强国际产能合作,开展"中国视角"投资,积极参与"一带一路"建设。"中国视角"是中投公司的独特优势,中投公司通过在跨境投资中结合"中国视角",对内助力我国产业升级、推动供给侧结构性改革,对外帮助国外企业扩大中国市场,实现互利共赢,为中国企业"走出去"和海外资本"引进来"提供平台支持和服务,以促进"走出去"和"引进来"良性互动。

为深入了解中国需求以落实中国价值创造,同时寻找多方互利共赢的跨境投资机会,中投公司研究院编写"跨境投资导读"系列丛书。丛书聚焦"四大行业"(TMT、医疗、制造、消费)和"四大区域"(美国、欧洲、日本、"一带一路"沿线)。"四大行业"是当前跨境投资最活跃的领域,也是我国加快结构调整和产业升级的重要着力点。"四大区域"是按照主要国家和地区产业发展水平的阶梯差别选取的,是当前全球经济最活跃的地区。行业丛书从"中国视角"出发,系统地梳理和研究了不同行业的跨境投资情况和需求。

中投研究院在丛书编写过程中,对境内外产业界和投资界进行了广泛的资料搜集和调研访谈,力求客观全面,希望能够为企业海外投资实践有所启发和帮助。欢迎各界读者联系我们交流讨论。

目　录

1

前　言

作为世界第二大经济体,近年来,我国 GDP 中消费占比及消费类进口产品占比持续上升,2012 年最终消费支出对我国经济增长的贡献率超过投资,成为拉动经济增长的第一引擎。目前以服务和消费为代表的第三产业在我国经济中所占的比重已经超过 50%。经济水平的不断提升带动了人们消费需求的增长,而消费结构的演变又促进了我国产业结构的升级。目前正在进行的第三次消费升级是在我国居民耐用消费品人均拥有量已较高,提升空间有限的情况下,更多的是产品和服务的品质升级和创新应用,同时从传统消费行业的增长逐步过渡到新兴消费行业的爆发,并带动相关产业的增长。

本轮由品质提升、技术创新、新型商业模式驱动的消费升级将成为今后较长时期内我国经济增长的持续动力和强大引擎。随着我国消费结构的巨大变化,消费升级对相关产业的引领作用明显增强。企业应顺应和把握本轮消费升级的趋势,通过制度创新、技术创新和产品创新满足并进一步创造消费需求,提高投资和创新的有效性,从而实现更高质量和效益的增长。

一般而言,企业发展实现转型升级可通过两种方式:一种是通过自身研发和发展获得技术、产品和渠道,另一种则是通过并购直接获取。经过长期竞争和整合,我国消费行业内的优质企业逐步胜出,这些领先企业可通过横向并购进一步提升市场占有率,也可以通过纵向并购延伸产业链。面对当下消费升级带来的新发展空间,消费行业可通过海外并购来实现品牌和产品升级,以弥补自身在同类产品中高端品类的不足。同时,面对自身产品和品牌进入海外市场难度大的问题,也可以通过海外并购直接获得市场、打开渠道。此外,相对于 TMT(科技、媒体、通信)、制造和医疗等技术含量高的行业,消费行业的跨境并购在政策管制或行政审核方面相对宽松,这也是近些年消费行业海外并购崛起至关重要的原因之一。

本书选取了传统消费行业中有代表性的服装、家电、乳制品和家居行业,以及新兴消费行业中的教育行业进行分析,主要从每个行业的国内外市场对比分析、海外对标公司的并购路径、国内龙头企业已经进行或正在进行的海外并购进行分析,并在每章最后进行了简要的总结与建议。在本书的最后一章,对我国企业海外并购的目的以及成功的主要要素进行了提炼和相关建议,意在对相关领域有兴趣的读者提供参考。有不足或错误之处,欢迎批评指正。

第 一 章

消费升级助推我国经济发展

经过 40 年改革开放的飞速发展,我国社会居民财富不断增加,居民的消费理念和大众消费结构日益更新。在消费升级的大背景下,我国消费行业面临新的增长机遇,进一步为我国经济发展助力。

第一节　消费行业概述

消费行业种类繁多,一般而言,凡是为了满足个人日常生活需要、购买、使用商品或接受服务的行为,都属于消费行业范畴。消费行业按大类分包括耐用性消费品、非耐用性消费品、服务业等。其中,耐用性消费品包括家用电器、数码产品、钟表、家居、卫生洁具、厨房用品、交通工具、房地产等;非耐用性消费品包括食品、饮料、服装、化妆品、洗涤用

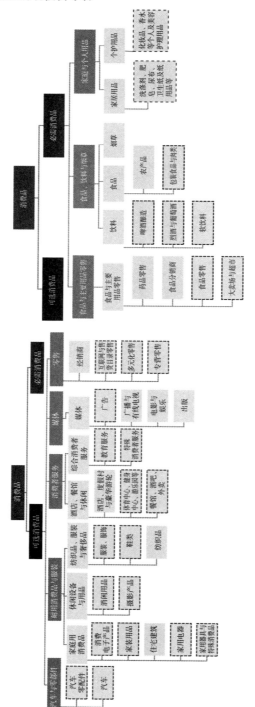

图1-1 GICS行业分类关于消费品的分类

资料来源：GICS行业分类指数

2

品、日用品、保健品、传媒等;服务业包括旅游、金融、教育、餐饮、美容、娱乐等。

图1-1展示了全球行业分类系统(GICS)行业分类指数中关于消费品的分类。在这里消费品可以分为可选消费品和必需消费品两类。其中,可选消费品包括汽车与零部件、耐用消费品与服装、消费者服务、媒体和零售等;而必需消费品则包括食品与主要用品零售、食品饮料与烟草、家庭与个人用品等。

第二节　消费升级催生经济发展新活力

"消费升级"一般指消费结构的升级,具体表现为各类消费支出在消费总支出中的结构升级和层次提高,直接反映了消费水平和发展趋势。我国正处在新一轮消费升级的过程中,居民的消费习惯、观念都在发生着不容忽视的变化。

一、中国已步入第三轮消费升级阶段

作为世界第二大经济体,近年来,我国国内生产总值(GDP)中第三产业占比、消费占比及消费类进口产品占比持续上升,如图1-2、图1-3和图1-4所示。2012年最终消费支出对我国经济增长的贡献率超过投资,成为拉动经济增长的第一引擎。目前以服务和消费为代表的第三产业在我国经济中所占的比重已经超过50%。根据世界银行

的数据,2015 年我国人均 GDP 已经突破 8000 美元,第三产业 GDP 占比也同时突破 50%;2016 年人均 GDP 为 8123 美元,2016 年和 2017 年第三产业在 GDP 中占比均为 51.6%。① 经济水平的不断提升带动了人们消费需求的增长,而消费结构的演变又促进了我国产业结构的升级。

当前中国经济正在经历一个变化的节点,正进入呈 L 型走势的中高速增长时期。这一阶段必须坚持把改革发力点转到调整经济结构上,在保持总量增长的同时,实现结构优化。

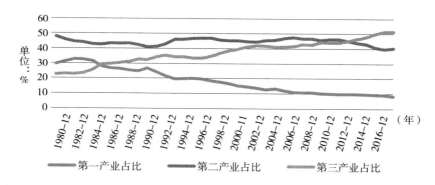

图 1-2　第三产业在中国 GDP 中的占比逐年上升

资料来源:Wind、中投研究院

通过消费结构升级扩大内需,再通过扩大内需来拉动经济增长,集中体现了消费需求对生产的决定作用。改革开放以来,我国共出现了三次消费升级。② 第一次在改革开放初期,表现为粮食消费降低、轻工

---

① 2017 年数据来自 Wind。

② 百度百科:消费升级,见 https://baike.baidu.com/item/%E6%B6%88%E8%B4%B9%E5%8D%87%E7%BA%A7/1850135? fr = aladdin。

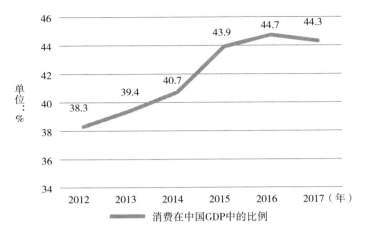

图 1-3 2010 年后,消费在中国 GDP 中占比不断上升

资料来源:CEIC、中金公司研究部

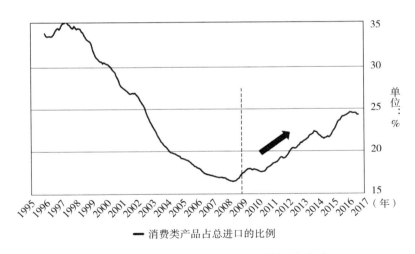

图 1-4 中国的消费类进口产品比例逐年上涨

资料来源:CEIC、中金公司研究部

产品消费上升。这一转变对我国轻工和纺织产品的生产起到了强烈的拉动作用,推动了相关产业的迅速发展,并带动了第一轮经济增长。第

二次消费结构升级出现在 20 世纪 80 年代末至 90 年代末。前期表现为"老三件"(自行车、手表、收音机)和"新三件"(冰箱、彩电、洗衣机)作为温饱和小康时期的标志性消费品成为一种时尚,受到广大民众的青睐,并带动了相关产业的迅猛发展。后期表现为家用电器消费快速增加以及耐用消费品向高档化方向发展。这一转变对电子、钢铁、机械制造业等行业产生了强大的驱动力,并带动了第二轮经济增长。而目前正在进行的第三次消费升级,是在我国居民耐用消费品人均拥有量已较高,提升空间有限的情况下,更多的是产品和服务的品质升级和创新应用,同时从传统消费①行业的增长逐步过渡到新兴消费②行业的爆发,并带动相关产业的增长。

二、三大因素推动本轮消费升级

(一)政策鼓励与大力支持

党的十九大报告提出:"中国特色社会主义进入新时代,我国社会主要矛盾已经转化为人民日益增长的美好生活需要和不平衡不充分的发展之间的矛盾""完善促进消费的体制机制,增强消费对经济发展的基础性作用""在中高端消费、创新引领、绿色低碳、共享经济、现代供应链、人力资本服务等领域培育新增长点、形成新动能。支持传统产业

---

① 本书中传统消费主要指:衣食住行等生活必需类产品消费。
② 本书中新兴消费主要指:旅游、教育、文体娱乐、新媒体等以服务型消费为主的非生活必需品类消费。

优化升级,加快发展现代服务业,瞄准国际标准提高水平"。①

此外,国务院于2015年印发了《关于积极发挥新消费引领作用加快培育形成新供给新动力的指导意见》(以下简称《指导意见》),指出:"我国消费结构正在发生深刻变化,以消费新热点、消费新模式为主要内容的消费升级,将引领相关产业、基础设施和公共服务投资迅速成长,拓展未来发展新空间。"为此,明确了"服务消费、信息消费、绿色消费、时尚消费、品质消费、农村消费等六个消费升级重点领域和方向。"同时,《指导意见》还强调要"以事业单位改革为突破口加快服务业发展,以制度创新助推新兴产业发展,以推进人口城镇化为抓手壮大消费群体,激发市场内在活力"。

(二)财富积累和人口结构的变化是消费升级的根本驱动因素

本轮消费升级与改革开放40年来我国社会财富不断积累和当下人口结构变化带来的整体商业环境和消费理念的变化高度相关。随着我国城乡居民收入逐渐增多和财富水平的日益增强,我国人均可支配收入持续增长,消费者的消费信心得到了提升,如图1-5和图1-6所示,民众的购买力也随之增强,而中产阶级的崛起和城乡一体化发展也带来了消费意识的变化。同时,我国人口结构的变化使得老年人、二孩、"80后、90后",以及女性消费者等群体的特定需求成为新的消费增长点。

---

① 习近平:《决胜全面建成小康社会 夺取新时代中国特色社会主义伟大胜利——在中国共产党第十九次全国代表大会上的报告》,人民出版社2017年版,第11页。

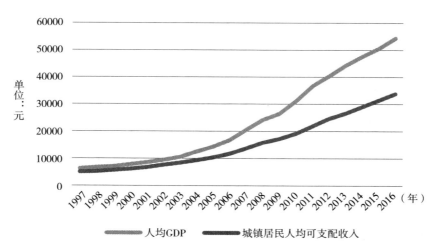

图 1-5　人均 GDP 与城镇居民家庭人均可支配收入走势图

资料来源：Wind、苏宁金融研究院

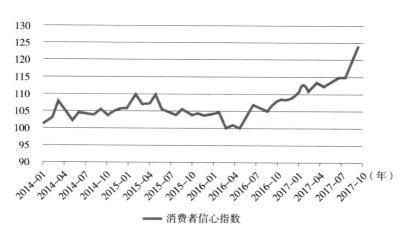

图 1-6　消费者信心指数不断上涨

资料来源：Wind

　　近年来我国社会消费品零售总额增长较快。其中，我国中产阶级的迅速崛起对我国消费产业结构的升级起到了巨大的促进作用。图

1-7 展示了中国国家统计局发布的城市家庭数量数据,可知上层中产阶级家庭增长迅速。根据瑞士信贷《2015 年全球财富报告》,我国中产阶级(个人财富 2.8 万美元—28 万美元)数量已经达到 1.09 亿人,占中国成年人口的 11%,2000—2015 年增长数量为 3800 万人,增速为 53%。以此来看,中国已经成为目前全球中产阶级人口最多的国家。通常认为该群体有四个基本特征:年轻化,受过高等教育,集中于一二线城市,具有全新的价值观和生活方式。体现在消费方面,中产阶级和"80 后、90 后"从传统走向个性、从物质走向精神,更注重品质和体验诉求的消费特点也日益鲜明,对传统消费产业与新兴消费产业的供给结构和方向起到了重要变革作用。

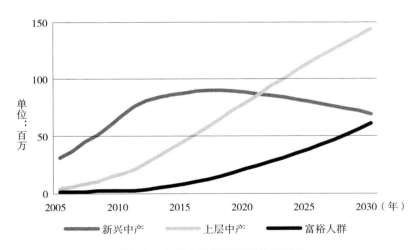

图 1-7 上层中产家庭数量快速增长

资料来源:国家统计局、EIU、BCG

（三）线上线下的激烈竞争推动消费体验升级

互联网和电子商务的深入渗透客观上满足并激发了当前最深层次的个性化消费需要，深刻改变了产品营销的方式，即"大单品"的时代可能已经成为过去时，小品类、小需求的新优品快速成长，并开始不断蚕食各类领军品牌的市场份额。另外，从消费者角度看，线下和线上的不同往往集中在体验环节。电子商务胜在实用、便宜、商品选择多、购物快捷方便；线下购物则在体验式消费上占据制高点。

近几年，我国网络市场购物规模增速大幅降低，如图1-8所示。在这一趋势下，纯电子商务对消费模式和消费习惯的冲击已趋于平稳。我国线上和线下的获客成本对比正在出现逆转，如图1-9所示，线下成本的相对降低以及消费观念的变化使体验式消费日趋回归流行，各类品牌和服务得以获得更加广阔的创新推广空间。线下业态由传统购物方式转为更加注重消费者参与和感受的体验式消费，从而为品牌商采取体验式创新等迎合消费升级的举措提供了有利的发展条件。线上电子商务方面，预计未来随着科技的进步，如通过电子商务+虚拟现实技术（VR）可以逐步实现真正的全场景购物，不排除线上的消费体验有超越线下的可能性。

三、未来消费趋势展望

尽管面临一定的全球经济下行压力，但中国消费市场走势良好。根据申万宏源的统计数据，2016年最终消费支出对GDP增长的贡献

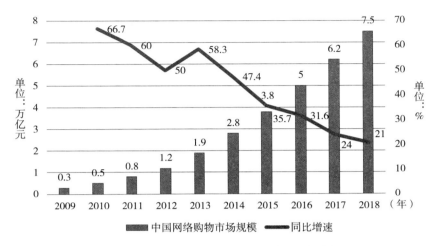

图 1-8　中国网络市场购物规模增速大幅降低

资料来源：艾瑞咨询、中金公司研究部

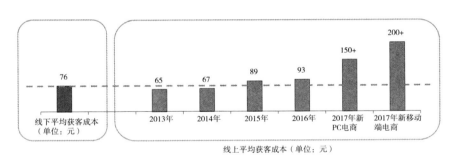

图 1-9　线上线下获客成本对比

资料来源：中金公司研究部

率为 64.6%，略高于 60% 的世界平均水平，但远低于发达国家 80% 左右的平均水平。最终消费支出进一步发展的空间仍很大。根据 EIU 的数据和 BCG 的分析，即使 GDP 年增长率放缓至 5.5%，2016—2021 年中国的消费增长量仍将达 1.8 万亿美元。预计到 2021 年，中国消费市场仍将扩大近一半，达到 6.1 万亿美元的规模，如图 1-10 所示。同时,麦肯锡研究报告预测,到 2030 年,中国将贡献全球消费增量的 30%,如表 1-1 所示。

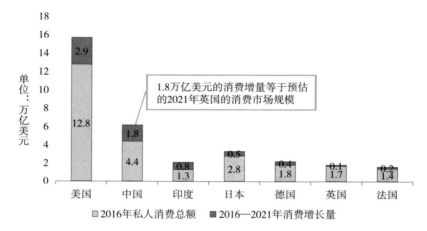

图 1-10　各国 2016 年私人消费与 2016—2021 年消费增长量对比

资料来源:EIU、BCG

表 1-1　2030 年全球消费增量占比分析

2030 年全球消费增量占比(%)											
国家和地区	发达国家和地区				发展中国家和地区						
	北美	西欧	东北亚	澳大利亚	中国	拉丁美洲	南亚	东南亚	东欧和中亚	撒哈拉以南非洲	中东和北非	总计
0—14	2.4	0.8	0.4	0.2	2.6	0.6	0.8	0.6	0.4	0.6	0.37	9.8
15—29	2.8	1.0	0.4	0.2	5.6	1.3	1.6	1.1	0.7	1.0	0.6	16.1
30—44	4.4	1.1	0.2	0.2	6.7	1.8	1.7	1.2	0.8	1.0	0.6	19.7
45—59	2.7	0.7	1.4	0.2	6.0	2.0	1.4	1.1	1.2	0.6	0.7	17.9
60—74	5.8	3.0	1.1	0.2	6.7	1.7	0.9	0.7	0.9	0.3	0.4	21.8
75 及以上	5.0	2.1	2.3	0.2	3.1	0.8	0.3	0.2	0.5	0.1	0.1	14.7
总计	23.0	8.7	5.8	1.3	30.7	8.2	6.6	5.0	4.5	3.6	2.7	

资料来源:麦肯锡:《重塑全球消费格局的中国力量》,2016 年

　　人口结构方面,一方面,中产阶级和富裕人群将进一步助推高品质消费升级。中国的经济发展和城镇化趋势,使我国的中产阶级数量迅速扩大,而消费升级浪潮中诞生的更高品质的产品和服务也让越来越多的中国家庭对未来抱有信心,并更加热衷消费。崛起的富裕阶层、年轻人的消费习惯和全渠道的普及仍然是我国主要的消费驱动力,将推动1.8万亿美元的消费增长,如图1-11所示。

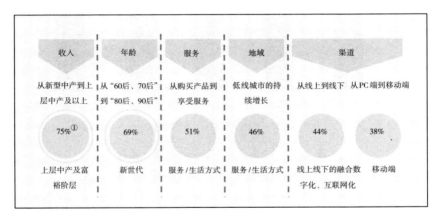

图1-11　2016—2021年各要素对私人消费增量的贡献比例

资料来源:BCG

　　另一方面,年轻消费者将释放巨大消费潜力。图1-12展示了中国人口的年龄结构及其未来预测。随着中国人口结构的变化,出生于1980年以后的消费者将成为中国消费经济增长的主力军。目前,日益成熟的“80后、90后”消费者(18—38岁)在中国城镇15—70岁人口中比例为40%,中金公司预计这一比例在2021年将超过46%。尽管

---

　　①　对整体个人消费增长的贡献率。

2016 年这一年龄段的城市消费额为 1.5 万亿美元,但到 2021 年,预计将激增至 2.6 万亿美元。

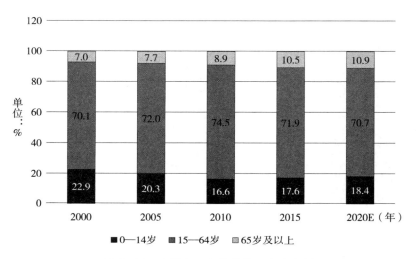

图 1-12　中国人口年龄结构及未来预测

资料来源:联合国经济和社会事务部、国家统计局、Wind、中金公司研究部

消费结构方面,麦肯锡在《重塑全球消费格局的中国力量》报告中指出,中国消费者正在逐步缩小与发达国家之间的差距,消费模式正在发生转发,中国家庭消费结构与发达国家日益相像。图 1-13 展示了中国 2005—2030 年的家庭消费结构变化。到 2030 年,中国家庭全年在食物上的支出占比将下降至 18%,而"可选品"和"次必需品"的支出将显著增加,年均复合增长率分别为 7.6% 和 6.5%。

阿里研究院表明,目前看来,虽然中国整体消费结构与发达国家仍有较大差距,但当下我国高端消费群体表现出的消费特征恰好印证了麦肯锡报告中的论点,且未来这一群体的消费特征与国务院倡导的六大消费升级重点领域和方向有很大可能会引领中国消费者消费方式与

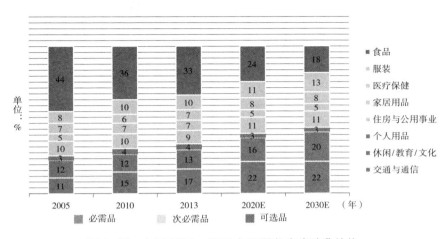

图 1-13　中国 2005—2030 年（预测）家庭消费结构

资料来源：国家统计局；美国劳工统计局；麦肯锡：《重塑全球消费格局的中国力量》，2016 年

消费结构的转变。

　　综上所述，本轮由品质提升、技术创新、新型商业模式驱动的消费升级将成为今后较长时期内我国经济增长的持续动力和强大引擎。随着我国消费结构的巨大变化，消费升级对相关产业的引领作用明显增强。企业应顺应和把握本轮消费升级的趋势，通过制度创新、技术创新和产品创新满足并进一步创造消费需求，提高投资和创新的有效性，从而实现更高质量和效益的增长。

第三节　消费行业跨境并购交易活跃

　　一般而言，企业发展实现转型升级可通过两种方式：一种是通过自身研发获得技术、产品和渠道,另一种则是通过并购直接获取。经过长期竞争和整合,我国消费行业内的优质企业逐步胜出,这些领先企业可通过横向并购进一步提升市场占有率,也可以通过纵向并购延伸产业链。面对当下消费升级带来的新发展空间,消费行业企业可通过海外并购来实现品牌和产品升级,以弥补自身在同类产品中高端品类的不足。同时,面对自身产品和品牌进入海外市场难度大的问题,也可以通过海外并购直接获得市场、打开渠道。此外,相对于 TMT、制造和医疗等技术含量高的行业,消费行业的跨境并购在政策管制或行政审核方面相对宽松,这也是近些年消费行业海外并购崛起至关重要的原因之一。

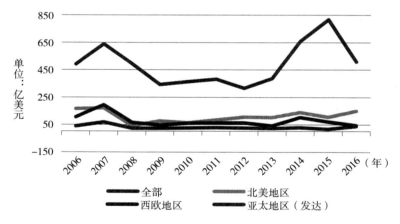

图 1-14 2006—2016 年全球部分地区必需消费品年交易金额

资料来源:彭博社

2006—2016 年全球部分地区必需消费品年交易金额如图 1-14 所示;2006—2016 年全球部分地区可选消费品交易金额如图 1-15 所示。可以看出世界消费品交易十分活跃。

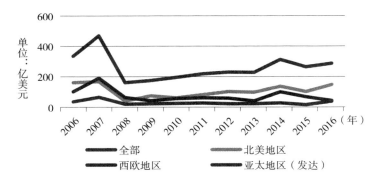

图 1-15 2006—2016 年全球部分地区可选消费品年交易金额

资料来源：彭博社

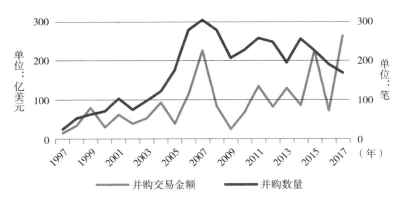

图 1-16 1997—2017 年全球服装行业并购交易金额和数量

资料来源：标准普尔金融数据库

图 1-16 至图 1-21 展示了 1997—2017 年全球服装行业、乳制品行业、家居行业、家电行业、教育行业和零售行业并购交易的金额和数量，可以看出近几年来，这些行业的并购交易越发活跃。

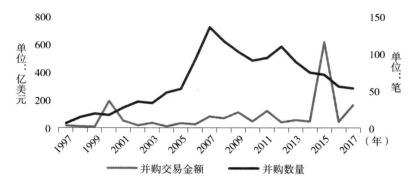

图 1-17 1997—2017 年全球乳制品行业并购交易金额和数量

资料来源:标准普尔金融数据库

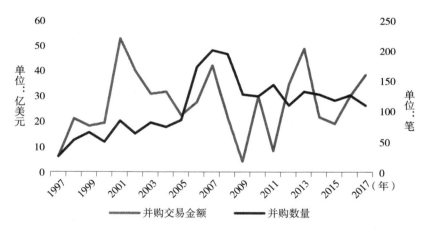

图 1-18 1997—2017 年全球家居行业并购交易金额和数量

资料来源:标准普尔金融数据库

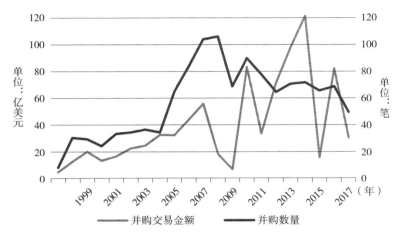

图 1-19 1997—2017 年全球家电行业并购交易金额和数量

资料来源：标准普尔金融数据库

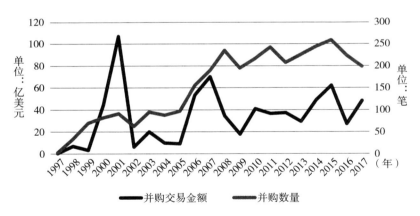

图 1-20 1997—2017 年全球教育行业并购交易金额和数量

资料来源：标准普尔金融数据库

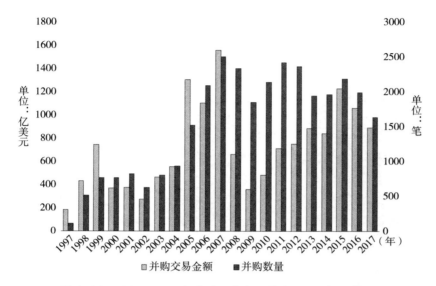

图 1-21　1997—2017 年全球零售行业并购交易金额和数量

资料来源：标准普尔金融数据库

第 二 章

服装行业迎来并购新浪潮

在居民人均可支配收入不断提高以及消费升级的大背景下,消费者展现出多样化的消费需求。这一背景促使各大服装企业积极实施多品牌运营战略,掀起并购新浪潮。

第一节　中国服装行业现状及发展趋势

我国的服装行业规模巨大、发展历史较长。近年来服装行业竞争日趋剧烈,渐渐走向行业内企业升级转型的分水岭。

一、服装市场规模巨大,增速有所放缓

根据 Euromonitor 统计,2016 年我国服装行业市场规模为 1.8 万亿

元,同比增长 3.1%。2002—2011 年间,服装行业增速保持在 16% 的高
增长水平。2012 年后,受宏观经济增速放缓的影响,服装行业总量规
模下滑后进入低速增长期,目前增速已降至较低水平,如图 2-1 所示。

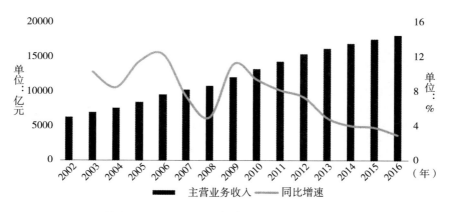

图 2-1 2002—2016 年我国服装行业市场规模

资料来源:Euromonitor

2010 年至 2017 年我国纺织服装品类及社会消费品零售总额增速
渐趋稳定,如图 2-2 所示。其中,男装行业自 2011 年起开始调整,由高
速增长转为中低速增长。目前市场格局较稳定,整体库存见底,2016
年行业同比增速为 4.3%。女装行业规模巨大,多样化消费需求催生
多品牌运营模式。2016 年我国女装市场规模为 8728.1 亿元,2013—
2016 年女装行业年均复合增长率为 6.14%,明显高于男装行业(年均
复合增长率为 4.25%)。女装行业占比最高,为 49%。男装、童装行业
占比分别为 29% 和 8%,如图 2-3 所示。我国女装消费较为分散,时尚
及个性化需求促使龙头品牌难以达到较高市场占有率,如图 2-4 所
示,女性多样化的消费需求促使女装龙头企业积极实施多品牌运营战

略。目前国内女装企业大多集中于中高端领域,大众领域占比较低,奢侈品女装多为海外品牌。童装方面,童装市场起步较晚,受益于二孩政策的实施,婴幼儿服装销售规模迅速上涨,未来有望保持长期高速增长。2015 年我国童装市场规模 1800 亿元。图 2-5 展示了 2012 年至 2021 年中国服装行业实际和预测增速。伴随二孩政策实施和消费升级,预计到 2020 年,我国童装市场规模将突破 2800 亿元。根据申万宏源的数据,2016 年我国童装人均消费额为 16 美元,约为日本人均消费的 1/4,英国人均消费的 1/8,在居民人均可支配收入不断提高以及消费升级的大背景下,众多服装企业中除了专业的童装品牌,运动体育品牌、快时尚品牌、休闲服饰品牌以及其他成人服装品牌也纷纷加入童装市场,行业竞争激烈。

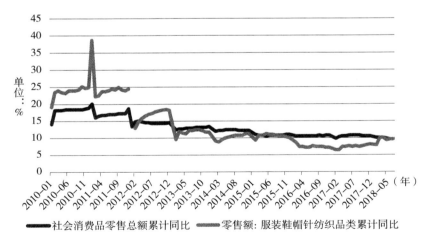

图 2-2　纺织服装品类及社会消费品零售总额增速渐趋稳定①

资料来源:国家统计局

---

① 2012 年 1 月零售额数据缺失。

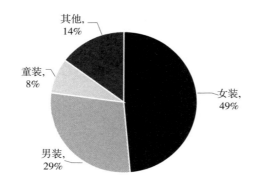

图 2-3　子行业市场份额

资料来源：Euromonitor

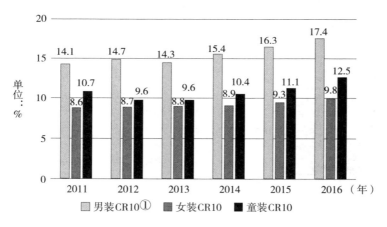

图 2-4　各子行业集中度

资料来源：Euromonitor

———————

① CR10 表示行业前 10 大企业的市场占有率。

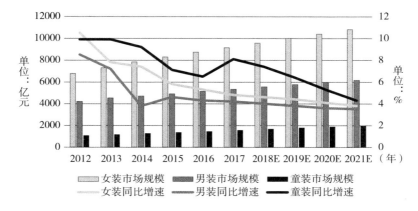

图 2-5　2012—2021 年中国服装行业市场规模及增速

资料来源：Euromonitor

二、未来多品牌、全渠道新零售将成为新趋势

　　在服装行业传统经营生产理念与更新换代的市场需求相互磨合日
益加剧的严峻形势下，一些服装企业的关门潮现象也随之涌现。从另
一个角度来看，这也是行业内企业升级转型的分水岭。伴随国内消费
升级、互联网＋、二孩政策的全面深化，未来多品牌、全渠道新零售将成
为服装行业的发展趋势。

（一）多品牌策略

　　一般而言，单一服装品牌发展存在"天花板"，企业多品牌发展是
大势所趋。以女装为例，一般而言，女装单一品牌的发展会存在 10 亿
元左右的"天花板"，主要原因还是需求的分散化以及公司主品牌的日

趋饱和。企业为扩大市场占有率,通常选择外延并购或自设新品牌,尝试建立多品类、多品牌矩阵。

服装行业主要企业积极实施多品牌战略,孕育了大量并购机会。从并购的战略目的来看,主要包括:(1)女装多品牌覆盖新的细分风格市场,扩大市场占有率,例如,歌力思收购德国轻奢女装 Laurèl,美国设计师品牌 VIVIENNE TAM,太平鸟引进女装潮牌;(2)男装企业设立年轻品牌覆盖年轻市场,例如,九牧王推出年轻潮牌 FUN,七匹狼推出狼图腾系列;(3)龙头企业拓展品类,例如,海澜之家创建家居生活馆切入家居大市场,森马服饰凭借品牌巴拉巴拉成为童装龙头企业;(4)消费升级及"关注健康"概念推动运动鞋服企业加大产品研发投入,收购海外中高端运动品牌在中国的品牌设计及销售权,例如,安踏收购意大利中高端时尚运动服饰 FILA,英国户外登山品牌 Sprandi,日本高端户外品牌 Descente,韩国高端户外品牌 Kolon Sport 等。

(二)全渠道新零售模式

实现直营和新兴电子商务渠道,线下和线上的全覆盖,从批发型向零售型转型,核心来自"用户体验"。直接开设直营店,使用 ERP 系统,及时了解消费者喜欢哪些款式,在库存处理、产品设计、新货补充方面把握主动权,推动与购物中心渠道全面合作,加大资源倾斜力度拓展线下核心商圈,最终提高零售能力。目前,电子商务渠道已经成为行业收入增长的主要动力,龙头企业电子商务渠道销售额占比已达到10%—40%,通过线上高增长拉动行业销售的整体增长,品牌与平台合作力度全面提升,通过多种营销方式加大引流。

（三）行业拐点引领企业并购迅速发展

随着国内消费水平的日渐提升，纺织服装产业面临转型升级的需求日益增强，行业中越来越多企业登陆资本市场，壮大资本实力。中国纺织服装行业在经历了 2011—2013 年的低迷期后，近几年迎来了新一轮的并购潮。

2012—2013 年对中国纺织服装行业的并购是一个明显的节点，如图 2-6 所示。此前每年并购数量在 20—45 笔区间内，平均交易金额低于 1 亿元人民币。而从 2012 年开始交易金额显著增大，并购数量也迅速上涨至 2015 年的 123 笔。2016 年并购数量虽然出现回落，但平均交易金额继续上涨，可见行业内已经形成单笔大规模并购的趋势。根据 Wind 统计，2016 年我国纺织服装行业并购数量共计 46 笔，交易总金额达 231 亿元人民币，平均交易金额约 5 亿元人民币。

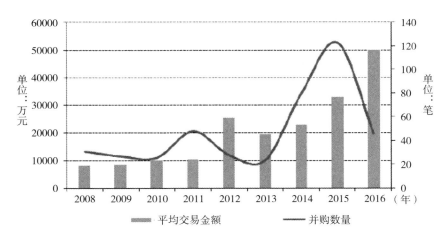

图 2-6　2008—2016 年我国纺织服装行业企业并购情况

资料来源：《中国企业并购年鉴》、Wind

三、海外并购助力企业升级，实施国际化品牌战略

（一）海外并购成为行业新风向

品牌是服装价值的核心，从服装行业的全球价值链来看，意大利、法国、美国等一批国际知名品牌凭借强大的品牌优势一直牢牢占据世界服装高端市场，成为高额附加值端。而中国大多数纺织服装企业在改革开放后，经历了为国际知名品牌从原产地委托加工（OEM）、原始设计商（ODM）到原始自有品牌生产商（OBM）产业形态的升级过渡阶段，目前我国自有品牌中仍鲜有国际品牌效应，而通过海外并购将知名品牌引入可作为我国纺织服装企业从产业价值链的低端向高端迈进的捷径，结合企业已有的供应链、市场渠道及技术等诸多优势，实现升级已经成为近几年并购浪潮中的新风向。

同时，随着越来越多的国际品牌对中国服装市场的蚕食，本土服装品牌的生存空间被大幅挤压，迫使我国服装企业不得不通过采取有效的海外并购来壮大自身实力，实现产品的多元化布局，一方面为了抵御外来竞争者的行业冲击，另一方面也缓解了企业的转型压力。

自 2008 年金融危机以来，欧美地区和日本很多具有国际影响力的服装企业陷入销售下降、业绩收缩、经营困难的窘境，奢侈品牌衰退尤为严重。这为具有产业升级和国际化品牌战略需求的国内中高档品牌企业提供了海外并购的良好契机，加上海外品牌对中国市场积极看好，越来越多的中国企业能够成功实现海外并购。

与我国纺织服装行业的总体并购情况相似,单就我国服装行业而言,海外并购数量在 2012 年以后增长迅速,2015 年达到 15 笔,2016 年进展虽有所减缓,但总体交易金额上涨,从 2012 年的 20.4 亿元人民币上涨至 2016 年的 82.57 亿元人民币(主要原因是 2016 年山东如意集团 10.4 亿欧元收购法国 SMCP 集团),规模增加了三倍。

(二)海外并购带动企业"品牌—渠道—技术"全面升级

纺织服装行业的传统产业升级模式可以概括为"OEM—ODM—OBM",对我国企业来说,从零起步打造自有品牌需要高额投入且风险较高、难度较大,而通过海外并购可以较为直接地获取成熟品牌的优质资源,是一条快速开辟新市场的捷径。

从服装行业的价值来看,并购国际知名品牌会为国内企业带来"品牌——渠道——技术"的全面升级。

品牌升级:品牌升级是中国纺织服装行业海外并购的首要目标。通过并购优质的海外服装品牌既可以为我国纺织服装企业带来其品牌自有的效应及国际影响力,又可以获取其高端全球性的品牌运作和管理经验,为我国纺织服装企业在国际知名度的拓展及现有品牌未来国际化战略的打造上奠定充实的基础。

渠道升级:通过海外并购,我国企业可以绕过贸易壁垒或减少贸易摩擦,避开市场准入等方面的问题。一方面,企业借此丰富其全球化及区域性市场的运作经验,深入海外渠道终端,了解多样化的前沿市场,获取不同层次客户需求的新信息,对企业自身品牌的国际化大有裨益;另一方面,国外的优质品牌往往备受国内零售渠道方的欢迎,引入后可进行多品牌绑定,入驻购物中心等高端渠道,获取更优惠的扣点条件。

技术升级:国际知名品牌企业的生产、研发、设计及管理技术对国内企业而言是一笔宝贵的资源。海外并购可以带来对方领先的研发团队和专业人才等战略性资产,其产生的协同效应也有利于对我国纺织服装企业日后的自主设计和创新,并扩展到整个行业的转型升级。

(三)频繁并购和多品牌战略催生行业翘楚

从本质上讲,多品牌战略属于差异化经营,国际纺织服装行业一直对此给予足够的重视。需求上看,消费者对于服装的需求差异化明显,对品牌的创新与变化要求严苛,其个性需求会随着消费能力的提高而越来越旺盛。单一品牌覆盖的消费人群有限,在同时面对经济周期、时尚周期和品牌周期的更迭时难以保证稳定的销售。服装企业为了扩大市场覆盖面,最大限度满足品牌定位人群全方位生活方式的诉求,以及提升影响力和知名度,多品牌战略无疑是一剂良方。同时,多品牌战略可以分散不同服装细分行业的周期性风险,使企业总能找到新的增长点和市场机会。

第二节　海外成功示例——日本迅销公司

从某种意义上,当服装企业发展到一定阶段,基于消费者需求的多样性以及底层供应链的共通性,进行多品牌运营是必经之路。国外绝大多数领先企业的做法都证明了这一点,例如法国的 LVMH 集团、美国的 Tapestry 集团和日本的迅销公司。本书以日本的迅销公司为例进行阐述。

优衣库品牌由日本迅销公司 1963 年建立,发展过程如图 2-7 所示。经过五十多年的发展,日本迅销公司从当年一家销售西服的小服装店,发展成为全球服装零售行业的巨头。服装市场变化多端,在一次次的变化和冲击中,优衣库始终能够把握市场动态、站在消费前沿,其成功可主要概括为若干因素:柳井正的企业家精神,广阔的客群定位带来品牌品类的持续拓展,渠道的持续升级以改善店面形象,在各个地区的连续拓展从而提升规模,不断通过领先科技打造极致单品,通过跨界合作以提升品牌形象等。以上这些成功因素可大致总结为在品牌、渠道和管理三个方面的不断改善、精益求精。

2001 年后,随着日本国内市场的饱和导致公司销售收入和利润增速同时下降,创始人柳井正选择通过外延并购的方式不断扩充经营品类,为公司增长注入新的动力。公司在 2003 年控股了美国女装品牌 Theory,2009 年将其收入旗下;2006 年收购了法国中端内衣品牌 Princesse tam.tam;2012 年又以 3 亿美元收购美国知名牛仔裤品牌 J Brand。这些跨境并购的标的品类不同,大大充实了公司产品线,帮助公司的收入趋势实现逆转,收入增长率由 2004 年的 9.8% 提升至 2005 年的 12.9%,并在此后的五年时间里一直保持高速增长,成功帮助公司度过主品牌增长弱势期。此外,在并购后的一段时间里,各品牌均与公司内其他品牌保持良好的协同效应,营业收入快速提升,门店数量也逐年增加。以 Theory 为例,Theory 原本是美国本土小众品牌,主打穿着舒适的正装,被迅销公司收购后,通过与优衣库的品牌合作,已推出多款联名系列产品,迅速提高市场知名度,在公司中的收入占比也得到了提升。

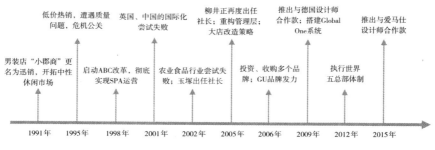

图 2-7　日本迅销公司发展历程

资料来源:公开资料整理

　　从品牌端来看,迅销公司目前有不同风格和价格定位的品牌,目前已形成六大主要品牌,覆盖休闲服、女性时尚及个性品牌、女性内衣等市场。从核心品牌的收入占比来看,2004 年公司主品牌优衣库收入占比 100%,到 2017 年已下降至 81.6%,如图 2-8 所示。从收入端的增速来看,如图 2-9 所示,公司其他品牌的高速发展带动收入增速更上一层楼,从 2004 年实行多品牌战略以来,2005—2017 年间总收入年均复合增长率为 12.6%,高于主品牌优衣库 11.3% 的增速,原因即得益于其他品牌带来的高速增长,13 年间除优衣库之外的其他品牌收入复合增长率为 45%。多品牌战略的实施为公司收益注入源源不断的发展动力。表 2-1 和表 2-2 展示了优衣库近年来外延并购的时间表和并购后各品牌门店数,可以看出其规模不断增长,各品牌门店数逐年增加。

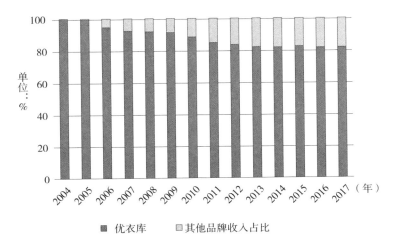

图 2-8　主品牌占比逐步下降

资料来源:公司公告、申万宏源

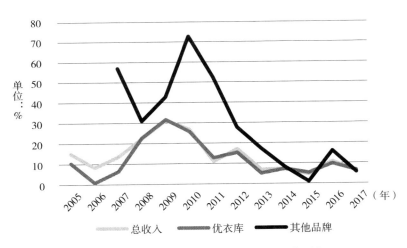

图 2-9　其他品牌高速增长带动收入更快增长

资料来源:公司公告、申万宏源

表 2-1　优衣库外延并购时间表

年　份	并购品牌	地　区	所属品类
2003	Theory	美国	女装
2005	COMPTOIR DES COTONNIERS	法国	女装
2006	Princesse tam.tam	法国	内衣
	Cabin	日本	女装
2012	J Brand	美国	牛仔裤

资料来源：公司年报、申万宏源

表 2-2　并购后各品牌门店数 　　　　　（单位：家）

品牌 ＼ 年份	2005	2006	2007	2008	2009	2010
Theory					221	326
COMPTOIR DES COTONNIERS	200	244	305	348	368	371
Princesse tam.tam		100	131	150	166	160

资料来源：公司官网、申万宏源

第三节　服装企业海外并购案例分析

目前,国内外服装市场需求低迷,消费升级趋势明显。在这一环境下,海外并购成为解决我国服装行业发展瓶颈的有效途径。

一、歌力思:战略并购助力建设中国高级时装集团

(一)歌力思及其海外并购概要

歌力思 1996 年成立于深圳,是一家集设计、生产、连锁经营和服务

为一体的国内知名品牌服饰股份有限公司,是国内高端女装领先品牌企业,主要经营自主高端女装品牌歌力思和唯颂。歌力思以深圳为中心辐射全国,在国内各大中城市开设了 270 家专卖店,目前员工人数约 1400 人,公司自有设计研发团队人数超过 100 人。近年来,公司业绩以连续每年平均 30% 的速度增长,且在女装行业有良好的品牌及人才培养口碑。2015 年 4 月 22 日,歌力思在上海证券交易所成功上市。在多品牌集团战略的有序推进下,歌力思于 2015 年末陆续引入德国高级女装品牌 Laurèl,收购美式轻奢潮流品牌 Ed Hardy 并控股法国轻奢设计师品牌 IRO。

2015 年 10 月,歌力思出资 1118 万欧元收购德国高端女装品牌 Laurèl 中国独立的所有权,走出海外并购第一步,开始积极布局战略收购。2016 年 1 月,又出资 2.4 亿元人民币通过全资子公司收购唐利国际 65% 的股权,获得美国潮流服饰品牌 Ed Hardy 在中国的品牌所有权。同年 6 月,公司取得深圳前海上林投资管理有限公司的控股权,间接控股法国轻奢品牌 IRO。

德国高端女装品牌 Laurèl,简约时尚,主打高端淑女装。1978 年成立于慕尼黑,曾经是德国三大著名奢侈品牌之一 Escada 旗下品牌,2004 年被管理层收购后,一直独立经营女装品牌。目前,Laurèl 品牌时装覆盖全球 30 多个国家,拥有 1000 家以上销售点。

美国轻奢潮流品牌 Ed Hardy,中文名"埃德·哈迪",2004 年创办于美国,是当下最为火热的轻奢潮牌代表之一,其"朋克+街头+刺青"极具自由感和个性的设计迅速捕获了全球时尚年轻人和国内外一线明星的喜爱。截至 2016 年 9 月 30 日,Ed Hardy 共有直营店 22 家,加盟店 85 家。

法国轻奢设计师品牌 IRO，2004 年创建于法国巴黎，通过采用旧皮革、羊绒和丝绸等材质，打造出街头朋克风格与巴黎时尚灵感的完美结合。品牌时尚的摇滚风格，不仅受到追求朋克酷感的女性欢迎，同时也收获了时尚界明星的推崇。该品牌于 2011 年和 2014 年增设男装和童装夹克，延续了该品牌的摇滚朋克风格。2015 年末，IRO 在全球拥有 16 家直营店，分布在法国、美国、德国、意大利等国，其余形式店铺接近 1000 家。

（二）海外并购的协同效应

歌力思本身的主品牌定位为中高端女装，与法国 LVMH 集团的并购策略类似，歌力思的海外并购也要保持旗下品牌定位的统一性，收购标的都是海外的中高端及轻奢时尚品牌。一方面是看好中国近些年的轻奢市场，顺应年轻一代的个性化消费需求；另一方面，公司旗下的各个品牌定位相似会带来有效的协同效应，从整体资源来看，各个品牌可以实现供应链、销售渠道和客户资源的共享。在供应链方面，品牌定位类似的产品在供应链的管理模式和供应商等方面有协同空间；而在销售渠道方面，歌力思收购的三大海外品牌都是稀缺的外国品牌，有助于公司在与商场等谈判时提升下游议价能力，帮助主品牌降低费用。

（三）并购后策略：保持旗下各品牌的独立性

与 LVMH 集团类似，歌力思在设计方面力求保持旗下各品牌的独立自主性，维持各品牌的原有风格，避免与公司现有品牌产品风格趋同。根据各个品牌的不同情况,有的完全沿用之前的设计团队,有的则通过对中国市场消费者的偏好评估独立安排设计团队。

以 Laurèl 为例,公司 2016 年 2 月宣布非公开发行股票筹集资金约 5.35 亿元,目的是为 Laurèl 建设品牌设计研发中心和营销中心,其中,设计研发中心是专为组建适合中国市场的 Laurèl 设计师团队而独立打造,与歌力思自有品牌的工作场地进行空间隔离。具体做法上,歌力思独立管理该设计师团队,拥有定价权和生产权,但会与德国方面在风格和设计上进行交流,设计元素采用德国方案。整体而言,Laurèl 的风格需要和全球 Laurèl 品牌的风格保持一致,同时必须独立于公司现有的歌力思品牌。

而对 Ed Hardy 品牌,该产品的价位与歌力思非常接近,它的加入意义在于结合歌力思现有渠道的优势资源,在相同消费者层级上进行拓宽,与原有目标客户实现互补。针对这一战略目标,歌力思在收购后保留了品牌原有的管理团队和经销商,保证其运营和管理的相对独立,歌力思仅为其发展提供资源上的全力支持,从而保证了 Ed Hardy 在被收购后的权责交接和持续运营的平稳性。截至 2016 年三季度,Ed Hardy 营业收入达到 1.36 亿元,毛利率 72.93%,盈利能力得到初步释放,收购完成后该品牌的快速发展证明了这一整合方式的适当性。

对于 IRO,歌力思买下了 IRO 全球品牌所有权,对于中国以外的地区,不干涉品牌管理,只做财务投资。IRO 公司整体盈利能力较强,2015 年营业收入达 6392 万欧元。由于其风格定位朋克、爽利,与以淑女装定位为主的国内高端女装市场其他品牌有较大差异性,未来在国内的发展前景值得期待。

截至 2017 年 9 月末,歌力思共有门店 522 家,其中主品牌歌力思、Laurèl、Ed Hardy 和 IRO 门店数分别为 322 家、35 家、165 家和 36 家。

二、安踏:布局多品类、多品牌矩阵

安踏 1991 年成立于福建晋江,2007 年在香港联合交易所上市,2015 年全年营业收入突破百亿元,成为国内首家进入"百亿俱乐部"的体育用品公司。2016 年总营业收入为 133.45 亿元,增长率连续三年超过 20%,净利润为 23.85 亿元。截至 2017 年 12 月 22 日,安踏市值约 888 亿港元。

作为国内首家进入"百亿俱乐部"的运动装备公司,安踏除了稳步扎实经营同名的大众品牌之外,还推动"多品牌策略",打造完整的品牌组合模型,主要目的一方面为防范市场的不稳定性,提升可持续发展的能力;另一方面通过并购快速切入各类细分市场,抢占市场份额的同时拓宽公司收入渠道,完善公司多层次的品牌布局。

(一)海外并购扩大品牌版图,从而提升整体营业收入

过去几年,安踏在国际化布局上动作频频,通过收购国外品牌完成产品升级和品类扩张,并成功实现盈利,海外并购已成为安踏提升整体营业收入及品牌全球化布局的重要方式。

2009 年,安踏以总价约 6 亿港元收购百丽国际旗下运动品牌 FILA 在中国的商标使用权和专营权,负责在中国内地、香港和澳门地区推广及分销 FILA 中国商标的产品。随后几年便专心整合和消化 FILA 的

资源,找准定位,提升其与集团整体的契合度。

2015 年安踏又收购了英国户外品牌 Sprandi,此次收购被看作是安踏在中低端市场国际品牌方面的弥补。

2016 年 4 月,安踏与东京证券交易所上市公司迪桑特日本的子公司 Descente Global Retail Limited 以及东京证券交易所上市公司 ITOCHU Corporation 的子公司伊藤忠成立合资公司,取得在中国内地独家经营及从事带有"Descente"商标的所有类别产品的设计、销售及分销业务。迪桑特成立于 1935 年,已拥有八十多年体育用品经验。除滑雪和户外系列外,迪桑特还提供 Allterrain 系列、高尔夫球系列、训练系列和冬夏系列男女高级运动用品。此举助力安踏进军户外滑雪这一高端功能体育用品市场。

2017 年 10 月 20 日,安踏宣布旗下附属子公司 ANKO 与韩国知名户外品牌 Kolon Sport 公司成立合资公司,ANKO 与 Kolon Sport 合资方在合资公司的权益拟分别占 50%。Kolon Sport 授予安踏在中国独家经营与从事营销、销售、分销带有 Kolon Sport IP 及商标的产品。此次合作成功后,Kolon Sport 将成为继品牌 FILA、迪桑特之后,安踏在高端运动装备市场方面的新布局。

(二)FILA 在安踏的角色:业绩驱动器,国际高端品牌的"模板"

安踏对 FILA 的收购是为了占据国内高端体育用品市场,同时也为了实现两个品牌的优势互补。FILA 主要覆盖高端运动路线,在国际品牌效应和科技研发方面有着明显优势。国内高端细分运动消费市场潜力较大,加上安踏在国内的影响力和销售渠道资源,FILA 的进入有利于安踏抢占高端运动市场份额。

将 FILA 引入中国后,安踏选择保留了 FILA 国际高端运动品牌形象的独立运营,同时针对中国市场的各个环节,包括产品设计、销售渠道、供应链和市场营销都做出了相应调整。

产品设计方面,款式顺应了亚洲人的身材特点,同时设计出越来越多的"运动时装"。为了追随时尚界联名合作款的潮流,自 2015 年底开始,FILA 与著名华裔设计师吴季刚(Jason Wu)推出一系列高级运动时装,从网球服到泳池拖鞋,将该品牌 20 世纪 70 年代的很多经典风格重新演绎。外界评价,运动与时尚兼得的品牌定位,在 Jason Wu 的联名设计款中表现得最为出色。

产品环节之中,FILA 在中国最为突出的转变在于销售渠道。品牌耗时三年时间从经销商手中收回几乎所有门店,改变成直营模式。与此同时,FILA 对店铺重新进行高亮度的装潢设计和陈列布局,抛弃一般运动门店的拘谨风格,以提升时尚触觉。官方数据显示,2018 年 FILA 在中国市场的直营比例已经达到 80% 以上,从总部到零售端形成扁平化管理。虽然公司内部耗用的时间和精力成本增加,但提升了产品的毛利率。此外,扁平化直营模式的另一优势在于对市场消费趋势可以进行快速反应,这对于一个定位时尚的运动品牌而言无疑至关重要。

市场推广方面,FILA 采取以娱乐时尚明星为主的营销策略。启用好莱坞巨星克里斯·埃文斯(Chris Evans)、舒淇、杨洋和高圆圆作为代言人来维护高端品牌的形象,同时为 FILA 吸引了不少年轻消费者。FILA 通过赞助综艺节目《爸爸去哪儿》试图降低消费群的年龄层。

当安踏主品牌在三四线城市抢占大众市场份额时,FILA 全力对标一二线城市的中高端消费人群。安踏集团于 2018 年 2 月公布的 2017 年年报显示,安踏集团 2017 年全年营业收入 166.9 亿元,同比增长 25.1%,连续四年增长率超 20%。其中,FILA 表现尤为突出,该品牌成功突破运动范畴实现与时尚跨界,销售额占比获提升。2017 年 FILA 在集团收入中占比已接近 30%,2017 年收入同比增长超过 50%,营业收入规模突破 50 亿元。FILA 门店数从 2016 年的 802 家提升至 1086 家,根据 2017 年年报的披露,2018 年 FILA 门店数将达到 1300—1400 家。

作为集团第一个国际品牌,FILA 的绝处逢生不但为安踏带来了多品牌运营的信心,还带来了国际高端品牌的管理经验,可以有效地让集团其他品牌有所借鉴。在成功运营 FILA 之后,安踏内部似乎已经达成共识,通过收购海外知名品牌比直接用安踏品牌强攻全球市场更有效。

第四节　总结与建议

目前,在国内外市场需求低迷、消费升级的趋势下,海外并购是解决我国服装行业发展瓶颈的有效途径。我国服装上市企业拥有充足现金流,具备海外并购的资金条件,通过并购国外企业稀缺的品牌资源、先进的核心技术和管理理念、成熟的市场渠道,既充实了现有产品品类、提高了企业品牌影响力、扩大了国际销售市场,又能缓解产能过剩,解决产业转型升级的难题,同时也不排除对于一些已经上市的服装企业,在销售市场持续遇冷的背景下,通过对海外并购新概念的追逐,取悦投资者,以实现资本化运作的短期盈利。

与此同时,也要注意海外并购的风险。首先是明确并购标的对企业的真实价值,避免盲目投资。一方面是海外并购需要契合企业的战略目标和商业经营理念,另一方面并购的标的应与产业发展趋势和市场需求相吻合,从而有利于实现优势资源整合。此外,跨境并购只是第一步,收购后的管理才是重中之重。如何将双方的品牌资源、管理经验、市场渠道、设计理念、人才核心资源整合好才是实现预期并购价值的关键,需要系统推进并购后的整合过程,控制过程中的风险,实现资源的有效配置,建立规范的企业治理结构,尽可能坚持文化整合中的求同存异,才能达到互惠互利的初衷。

附录 中国服装企业主要海外并购项目列表

并购买方	并购标的	交易时间	交易金额	交易内容
海欣股份	美国GLENOIT 公司纺织部	2002 年6 月	2500 万美元	收购 GLENOIT 公司的 Tarboro 工厂和 GLENOIT 加拿大公司的全部资产,可获得其原有的销售网络、渠道及 46 个商标品牌的永久使用权。
李宁	法国AIGLE	2005 年6 月	300 万美元	李宁与 AIGLE 成立各占50%股份的合资公司,获得 AIGLE 品牌在中国的50%权益(50 年使用权)。
	意大利LOTTO	2008 年8 月	特许权 20年,合计9.3亿元	获得 LOTTO 商标在中国产品的开发、制造、宣传及销售的独家特许权。
中国动向	意大利KAPPA	2006 年5 月	3500 万美元	买断 KAPPA 在中国内地及澳门地区的品牌所有权和永久经营权。
	日本PHENIX	2008 年4 月	约 3484 万港元	获日本 PHENIX 公司91%权益以及 PHENIX 旗下的KAPPA 日本品牌,即获得KAPPA 在日本的经营权。
百丽国际	意大利FILA 集团	2007 年8 月	4800 万美元	收购 FILA 中国商标,开展FILA 产品在中国内地、香港和澳门地区的批发、分销和零售业务。
雅戈尔	美国 KELLWOOD公司及子公司旗下资产	2007 年11 月	1.2 亿美元	获得 KELLWOOD 公司持有的新马集团 100%股权以及 KELLWOOD ASIA 公司持有的 SMART 公司100%股权。

续表

并购买方	并购标的	交易时间	交易金额	交易内容
奥康集团	意大利 VALLEVERDE	2008 年 1 月	2200 万美元	获得 VALLEVERDE 品牌 10 年的亚太地区品牌经营权。
		2016 年 5 月	650 万美元	VALLEVERDE 将其在中国相关商标权利永久转让给奥康集团。
山东如意集团	英国 AQUASCUTUM	2017 年 11 月	9 亿港元	获得英国 AQUASCUTUM 品牌的业务及资产。
山东如意集团	日本 RENOWN	2010 年 5 月	定向增发约 3.1 亿元	持股 41.18%,成为最大股东,获得 DURBAN、INTERMEZZO、AQUASCUTUM 等三十余个国际品牌。
	法国 SMCP 集团	2016 年 4 月	10.4 亿欧元	获得 SMCP 集团旗下知名轻奢品牌 SANDRO、MAJE 和 CLAUDIE PIERLOT。
朗姿股份	韩国阿卡邦	2014 年 9 月	约 3.24 亿元	全资子公司莱茵时装韩国株式会社将成为阿卡邦公司第一大流通股股东,阿卡邦为韩国最大婴儿服装品牌。
玛丝菲尔	意大利 KRIZIA	2014 年 2 月	约 2500 万欧元	KRIZIA 将其品牌转让给玛丝菲尔公司。
卡奴迪路(现摩登大道)	意大利 LEVITAS 公司	2015 年 6 月	4068 万欧元	获得 LEVITAS 公司 51% 股权以及 DIRK BIKKEMBERGS 品牌大中华地区的品牌运营授权。

续表

并购买方	并购标的	交易时间	交易金额	交易内容
歌力思	法国 Laurèl	2015 年 10 月	1180 万欧元	拥有 Laurèl 在中国独立所有权,包括设计权、定价权和销售权。
	美国 Ed Hardy	2016 年 1 月	2.405 亿元	获得 Ed Hardy 在中国的品牌所有权,以及 Ed Hard Skinwear 和 Baby Hardy 等品牌。
	法国 IRO	2016 年 6 月	7900 万元	间接持有 IRO 公司 100%股权,获得 IRO 品牌全球所有权。

资料来源:邹彩芬等:《对纺织服装行业并购的解读》,《武汉纺织大学学报》2014 年第 2 期;
　　　　各公司并购相关公告、中国服装网

第 三 章

家电行业通过跨境并购实现新发展

近年来,中国经济的结构性问题日渐突出。作为我国传统优势行业,家电行业也出现了市场饱和与产能过剩问题。通过总结国内外家电龙头企业转型经验,我们认为多元化发展将成为家电行业转型的必由之路。

第一节 国内家电行业概况

近年来,国内家电行业增速放缓,家电企业纷纷谋求海外并购转型。面对国内需求降低的现实难题,拓展海外市场成为企业发展的必然选择。国内家电市场从"中国制造"到"中国创造"的跨越,更是为中国家电企业"走出去"打下了坚实的基础。

一、中国家电行业在全球产业链占据关键核心地位

中国家电行业经过三十多年的飞速发展,在整机生产方面已经成为全世界家电行业最大的生产国和消费国,在家电产业链的上下游都形成了相当实力和体量,足以与国外企业齐头并进的企业。在制造端,中国企业强势依旧,根据产业在线最新统计,2017 年中国空调、冰箱、洗衣机和电视的产量占全球比重分别达 78%、52%、37% 和 49%,如图 3-1 至图 3-4 所示。家电行业中国制造继续引领全球。

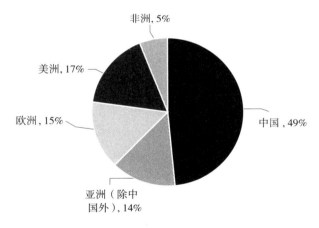

图 3-1　2017 年电视产量中国占全球比重近半

资料来源:产业在线

在需求端,中国、美国、日本占据前三位,新兴市场国家紧随其后。其中,中国白色家电(白电)销量份额占比遥遥领先,2015 年中国空调、冰箱冰柜和洗衣机销量占全球比重分别达 52.3%、32.2% 和 25.7%,如图 3-5 至图 3-7 所示;黑色家电(黑电)销售方面,2015 年液晶电视中

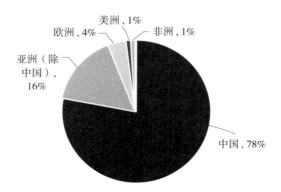

图 3-2　2017 冷年空调产量中国占比达 78%

资料来源:产业在线

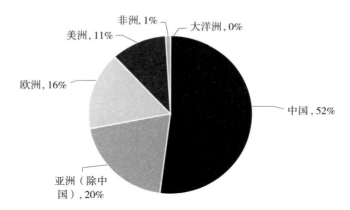

图 3-3　2017 年冰箱冰柜产量中国占全球比重过半

资料来源:产业在线

国品牌出货量占全球市场份额达 49.8%,如图 3-8 所示。

　　中国家电企业在上游零部件、整机制造和下游渠道中均占有举足轻重的地位,形成了完整的产业链。从上游零部件看,有制造冰箱压缩机和电机的华意压缩、天银机电和康盛股份,有制造洗衣机配件的聚隆科技和地尔汉宇,有制造空调压缩机、阀门的海立股份、美芝集团、三花

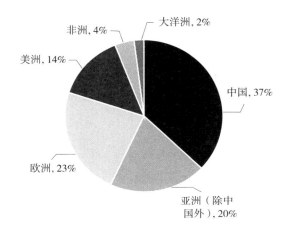

图 3-4　2017 年洗衣机产量中国占全球比重 37%

资料来源:产业在线

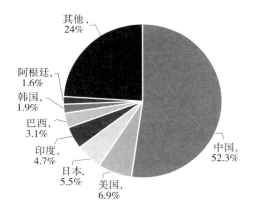

图 3-5　2015 年空调销量

资料来源:产业在线

智控等大型公司;整机制造方面,格力电器、美的集团、青岛海尔三家市值过千亿元的白电巨头、以海信电器和 TCL 集团为代表的黑电翘楚足以与大金工业、伊莱克斯、松下和索尼等国外企业平分秋色,以老板电器和华帝股份为代表的厨电集团和以苏泊尔、莱克电气、飞科为代表的

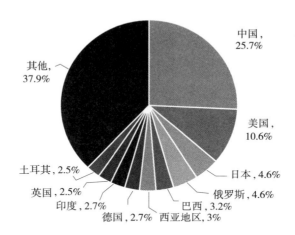

图 3-6　2015 年洗衣机销量

资料来源:产业在线

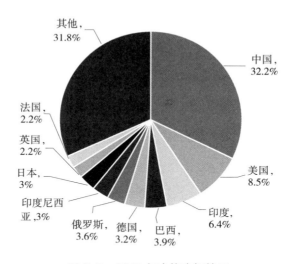

图 3-7　2015 年冰箱冰柜销量

资料来源:产业在线

小家电企业势头正猛;下游渠道方面,相比于国外的亚马逊、沃尔玛和百思买等,国内苏宁云商和国美更具有劳动力和渠道下沉的优势,天猫、京东等电子商务更具有网络和物流的优势,如图 3-9 所示。

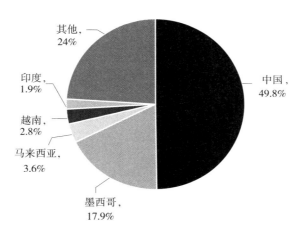

图 3-8　2015 年电视出货量

资料来源：产业在线

上游零部件	整机制造	下游渠道
冰箱配件 华意压缩、天银机电、康盛股份、迪贝电气、东贝B股 恩布拉科	**白电** 格力电器、美的集团、青岛海尔、小天鹅、美菱电器、海信家电、惠而浦、澳柯玛、奥马电器 伊莱克斯、惠而浦美国、大金工业、博世	**家电连锁** 苏宁云商、国美 百思买、西尔斯公司、Staples、山田电机、BIC Camera
洗衣机配件 聚隆科技、地尔汉宇	**黑电** 海信电器、TCL集团、四川长虹、深康佳A、创维数码 索尼、松下、夏普	**电子商务** 淘宝、京东 亚马逊、Newegg
空调配件 三花智控、亿利达、海立股份、盾安环境、东方电热、顺威股份 不二工机、鹭宫、丹佛斯	**厨卫** 老板电器、华帝股份、万家乐、万和电气、浙江美大、日出东方 林内、A.O.Smith	**商超** 永辉超市、百联股份、天虹股份 沃尔玛、Costco
钣金件 毅昌股份、海联金汇、立霸股份	**小家电** 苏泊尔、九阳股份、爱仕达、新宝股份、莱克电气、飞科 飞利浦、SEB、德龙、戴森	**基层门店** 汇银智慧社区

图 3-9　家电产业链

资料来源：申万宏源

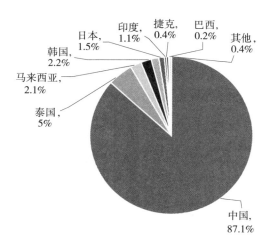

图 3-10　2015 年各国旋转压缩机产能

资料来源:产业在线

　　以制冷压缩机和阀门零部件为例,2015 年中国旋转压缩机产量 2 亿台,占全球产能 87.1% ,如图 3-10 所示;中国涡旋压缩机产量 382

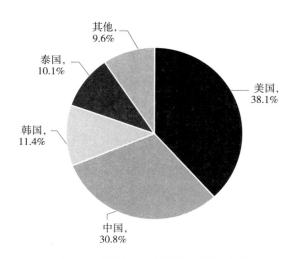

图 3-11　2015 年各国涡旋压缩机产能

资料来源:产业在线

万台,占全球比重超 30%,如图 3-11 所示;冰箱压缩机产量 1.23 亿台,占全球产能 63.71%。在阀门生产上,三花智控和盾安环境四通阀的全球市场占比分别超过 50% 和 30%。

二、国内家电行业现状:增速放缓,临近"天花板"

家用电器是我国居民生活中耐用消费品的重要代表,家电工业在轻工业中居于支柱地位,对促进经济发展发挥了积极作用。目前我国家电工业已位居世界首位,是具有较强国际竞争力的行业之一。2007年以来,我国家电工业上市公司的营业收入和净利润迅速增长,2016年营业收入为 8341.86 亿元,同比增长 12.94%,较 2007 年的 2745.65亿元增长了 203.82%,如图 3-12 所示;2016 年利润总额为 696.86 亿元,同比增长 27.57%,较 2007 年的 89.84 亿元增长了 675.67%,如图3-13 所示。

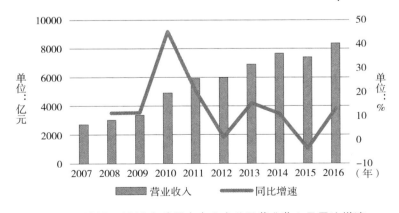

图 3-12　2007—2016 年我国家电上市公司营业收入及同比增速

资料来源:Wind、申万宏源

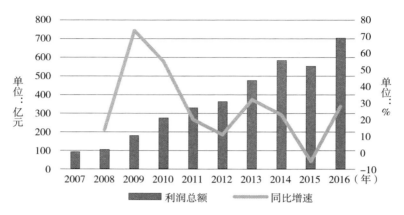

图 3-13　2007—2016 年我国家电上市公司利润及同比增速

资料来源：Wind、申万宏源

　　从发展阶段来看，在经历了 2008—2012 年家电下乡、以旧换新和节能补贴等政策带来的高速发展后，农村家电普及率快速提升。冰箱、洗衣机、电视保有量方面，农村与城镇差距逐步缩小，基本完成普及阶段，进入替换升级的发展阶段。截至 2016 年年底，我国城镇冰箱、洗衣机、电视每百户保有量分别为 96 台、94 台和 122 台；与之相对应，农村冰箱、洗衣机、电视每百户保有量分别为 90 台、84 台和 119 台，如图 3-14 和图 3-15 所示。除空调保有量差距较大，其余品类保有量相近，农村市场待挖掘的潜力逐渐变小，每百户保有量接近"天花板"，未来存量更新和消费升级成为主要的行业驱动力。

　　与冰箱、洗衣机和电视不同，空调得益于"一户多台"的特点，未来成长空间依然较为广阔。2016 年我国城镇每百户空调保有量为 123.7 台，而农村每百户空调保有量仅 47.6 台，仅相当于城镇 2002 年的发展水平，保有量有巨大提升空间，如图 3-16 所示；从国际对比来看，2016

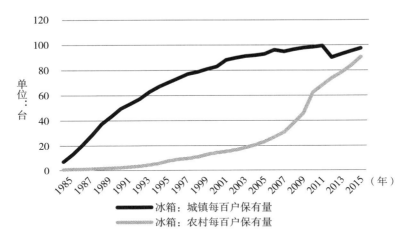

图 3-14 1985—2015 年中国城镇及农村冰箱保有量

资料来源：国家统计局

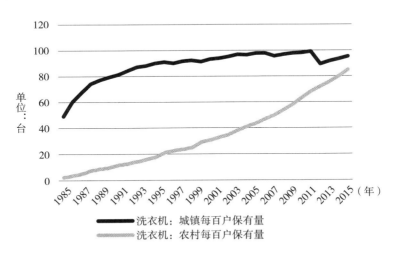

图 3-15 1985—2015 年中国城镇及农村洗衣机保有量

资料来源：国家统计局

年日本每百户空调保有量达 283.7 台,未来我国仍有较大提升空间,新增需求与更新需求并重。而图 3-17 则说明我国城镇及农村电视保有量已经接近"天花板"。

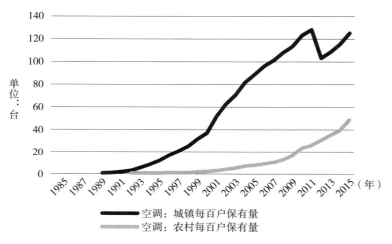

图 3-16　1985—2015 年中国城镇及农村空调保有量

资料来源:国家统计局

　　分品类来看,空调内销受政策退出和地产周期性影响更强。图 3-18 展示了 2008 年至 2016 年我国空调的年销售量情况。2012 年政策退出后销量出现下滑,受 2014—2015 年连续两年地产销售不景气、渠道库存积压影响,2015 年出现行业整体性下滑,2016 年下半年至今受地产销售拉动、渠道补库存及夏季高温天气影响,空调销量重新进入高速增长。根据产业在线统计,2017 年我国空调行业总销量 1.417 亿台,同比增长 31%,其中国内销量 8875 万台,同比增长 46.8%,国外销量 5295 万台,同比增长 11.0%。与图 3-19 的冰箱年销售量相比,空调的年销售量波动较大。

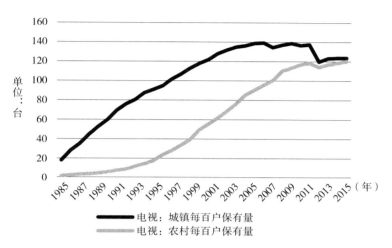

图 3-17　1985—2015 年中国城镇及农村电视保有量

资料来源：国家统计局

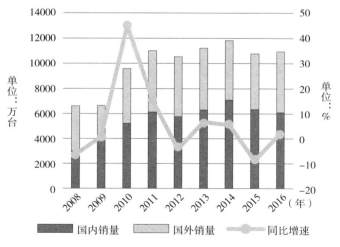

图 3-18　2008—2016 年空调年销量周期波动向上

资料来源：产业在线

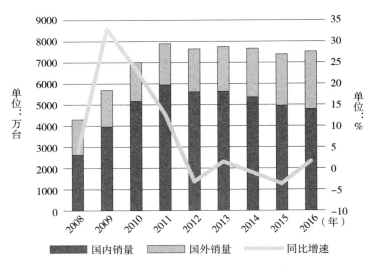

图 3-19 2008—2016 年冰箱年销量基本持平

资料来源:产业在线

随着家电产品渗透率接近饱和,国内冰箱、洗衣机、电视等传统家用电器销量进入瓶颈期,销量增速 2012 年以后出现较大幅度下滑,甚至出现负增长。其中,冰箱行业总销量 2012—2016 年的年均复合增长率为-0.4%,国内销量年均复合增长率为-3.9%,国外销量成为主要驱动力,年均复合增长率达 7.6%;洗衣机行业总销量 2012—2016 年的年均复合增长率为 1.7%,其中国内销量相对表现较好,年均复合增长率为 44%,国外销量有所下滑,年均复合增长率为-3.1%,如图 3-20 所示。电视销量 2012—2016 年的年均复合增长率为 6.5%,主要受益于海外市场拓展较快,国内外销量比例基本达到 2∶3,如图 3-21 所示。值得一提的是,根据海关总署的数据,我国液晶电视出口占比逐年提升,2016 年度出口比例达到 59.48%。

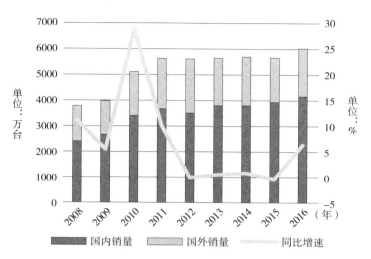

图 3-20　2008—2016 年洗衣机年销量增长趋缓

资料来源:产业在线

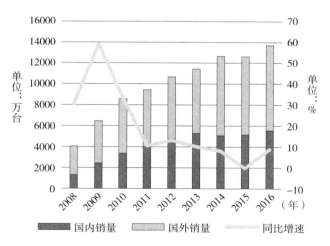

图 3-21　2008—2016 年电视国内销量平稳、国外销量增长迅猛

资料来源:产业在线

三、通过海外并购,积极谋求新发展

中国经济的结构性问题是市场饱和与产能过剩,这在家电行业尤为突出。国内家电市场已经连续多年保持增长态势,但前几年的增长动力更多来自政策刺激。2008 年起为了应对国际金融危机,国家出台了大规模的产业刺激政策,其中家电下乡政策极大地促进了农村家电产品的普及。随后以旧换新、节能惠民等政策的推出,又引发了城镇居民家电的替换潮。中国家电行业经历 30 年成长,已经进入成熟稳定期。

面对国内需求降低、企业产能过剩这一现实难题,拓展海外市场成为企业必然的选择,而国产家电在完成了国内市场从"中国制造"到"中国创造"的跨越后,也开始进军海外市场。

2015 年以来,我国家电行业三大龙头企业陆续公布并实施了庞大的跨国跨行业并购方案,规模大且范围广,究其原因是国内家电市场饱和度高,市值增长持续低迷,从而推动家电企业对海外市场的拓展。然而,即便中国家电企业在国内市场称雄,但仍然无法以自有品牌大规模地打开国际市场,因而不得不通过海外并购等方式获取国外品牌、渠道和技术。

目前我国家电行业的发展趋势主要表现在:品牌消费走向品质消费。随着新一轮消费升级的开始,中高端市场有望加速增长。中国家电产品已经从普及型消费向结构型消费升级转变,消费者已从拥有家电产品、使用产品,向追求更好的品质生活转变;新品类扎根与发展,特别是厨卫、客厅、起居等新场景下的新品类;品牌集中度进一步提升,三四线市场正在向品牌化消费发展,未来家电行业集中度将进一步集中,非主流品牌生存越来越困难;家电全球化进入新时代,新一轮的全球化将伴随着大量的海外资产和品牌并购,中国家电龙头企业冲进全球一线品牌的速度将明显加快,海外市场的业务潜力也正在显现。如图3-22 所示,近年来中国家电龙头企业收入、利润占全球主要家电企业收入、利润比例稳步走高。《中国制造 2025》的实施及互联网+等新技术的引入,也将带动家电制造向智能化、网络化升级,为中国家电行业的转型升级带来良好的战略机遇。

综上所述,人口结构、收入结构的变化以及国际交往的扩大,推动了我国家电消费需求的品质化和高端化,同时供给端的智能化和精品化也迎合了市场需求。中国家电行业的发展将由资源和规模驱动向效率渠道和创新驱动转变。新技术、新商业模式等生产组织方式的创新将给整个行业带来全新的机遇和挑战。

四、家电行业国际化进程

我国家电行业的国际化进程先后经历了初级阶段(产品走出去)、海外自建生产基地、跨国收购国际著名企业三个阶段。

(1)初级阶段:产品走出去。20 世纪 80 年代—90 年代中国家电行业主要以进口为主,发挥三来一补贸易,承接我国港台地区以及日韩家电产业转移,初步打造起国内的轻工业基础。2002 年中国加入世界贸易组织(WTO)后,出口进入高速成长的黄金发展期,产业链配套能

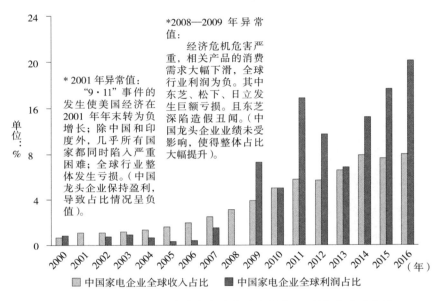

图 3-22　2000—2016 年中国家电龙头企业收入、利润占全球主要
家电企业比例（未统计港澳台数据）

资料来源：彭博社、海通证券研究所

力与竞争力同步发展,自 2006 年后成为冰箱压缩机和空调压缩机净出
口国,目前已占到全球七成比重;电机、两器、阀门等管件配件也已成为
主要出口产品,同时带动钢铁、有色、化工等上游产业升级。图 3-23
和图 3-24 说明了从 2002 年到 2014 年,中国大、小家电占世界出口市
场份额大幅提升。图 3-25 显示了 2015 年、2016 年和 2017 年,中国均
为冰箱、空调压缩机的净出口国。图 3-26 说明中国已经成为制冷、冷
冻设备零件主要出口大国。

　　（2）中级阶段:自建海外生产基地。自 20 世纪 90 年代后期至 21

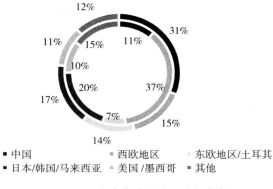

图 3-23　大家电中国出口市场份额

资料来源:联合国数据库

注:内环为 2002 年数据、外环为 2014 年数据

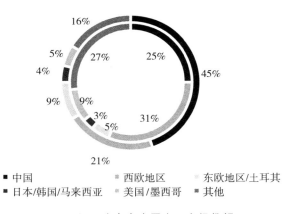

图 3-24　小家电中国出口市场份额

资料来源:联合国数据库

注:内环为 2002 年数据、外环为 2014 年数据

世纪前 10 年,国内家电龙头企业逐步走出去在海外自建工厂,包括青岛海尔、美的集团、格力电器、海信电器等在内的企业先后在美国、越南、俄罗斯、南美等国家和地区建立生产基地,如表 3-1 所示。

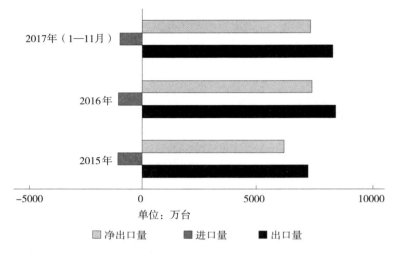

单位：万台

净出口量　　进口量　　出口量

图 3-25　冰箱、空调压缩机净出口国

资料来源：海关总署

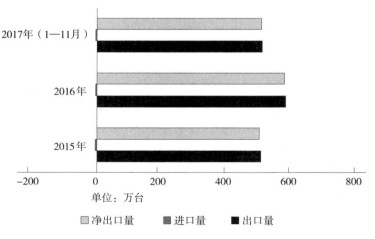

单位：万台

净出口量　　进口量　　出口量

图 3-26　制冷、冷冻设备零件主要出口大国

资料来源：海关总署

表 3-1 家电企业 21 世纪初走出国门自建海外生产基地

公司	时间	事　件
青岛海尔	1999 年	在美国南卡来罗纳州建立了美国青岛海尔工业园。
	2001 年	在巴基斯坦建立全球第二个海外工业园。
	2006 年	青岛海尔集团与巴基斯坦鲁巴集团联合建设青岛海尔—鲁巴经济园区。
	2006 年	在印度普纳建成工业园区,加快在南亚市场的布局。
	2007 年	成立青岛海尔电器(泰国)有限公司,建立泰国工厂,入驻泰国甲宾武里工业园。
	2013 年	在波兰西南部城市弗罗茨瓦夫建立新工厂。
	2016 年	在俄罗斯建成冰箱工厂,预计在 2019 年建成洗衣机工厂。
美的集团	2007 年	在越南平阳省建设美的集团越南工业园,主要生产小家电产品。
	2008 年	美的集团白俄罗斯基地建成,以生产微波炉为主,拓展欧洲市场的重要基地。
	2010 年	通过收购埃及 Miraco 公司 32.5% 的股权,建立美的集团埃及生产基地,主要生产制造空调,布局中东非。
	2011 年	收购开利火地岛工厂,建立阿根廷生产基地。
	2012 年	与开利合作成立印度合资公司,建立印度生产基地。
格力电器	2001 年	在巴西玛瑙斯自由区建立生产基地。
	2006 年	在巴基斯坦建立第二个海外生产基地。
海信电器	2012 年	建立美国新泽西生产基地,致力于通信领域。
	2013 年	与中非基金共同投资建设的海信南非工业园,辐射到南非等 15 个国家。
	2015 年	成功收购夏普墨西哥电视工厂,建立墨西哥生产基地。
	2015 年	在捷克设立全资子公司,主要生产电视,销往西欧地区。

资料来源:公司公告

（3）高级阶段:跨国并购。2010 年以后我国家电行业逐渐迎来海外并购高潮,并购质量明显提高,国际市场中扮演的角色也开始发生变化。在保持出口大国优势的同时,对外投资、兼并明显增多。兼并收购国际著名的主流企业美国通用家电、德国库卡集团和日本东芝,标志着我国跨国公司的崛起。

近些年跨国并购的特征主要表现为:

(1)选择并购对象由被动变主动。21世纪初,中国家电企业所寻找的并购对象大多是业绩不佳或亏损倒闭的企业。由于信息渠道缺乏等原因,导致家电企业在并购中具有被动性。例如,TCL集团并购施耐德、汤姆逊彩电等业务几乎都是亏损业务。这说明此前中国家电企业缺乏主动性,面对家电市场的变化,没有敏锐的眼光发现一些优质资产。自2014年以来,随着家电企业自身实力的上升,家电企业在选择并购对象时由被动变为主动,基于自身战略计划,主动寻找投资机会。2016年青岛海尔主动收购美国市场领先制造商通用家电,实现外延式发展,布局全球化。

(2)并购规模不断增大。2014年以前,大部分家电企业海外并购经验不足,为控制风险,海外并购规模普遍较小,都低于10亿美元。2014年以后,尤其是2016年后,连续发生了多笔并购交易,并购业务总体规模不断增大,打破多个纪录。青岛海尔以54亿美元并购通用家电,成为我国家电行业迄今为止最大一笔并购交易。

(3)以横向并购为主。我国家电企业海外并购多是以并购同类企业的横向并购为主,很少有纵向并购或混合并购发生。横向并购有助于企业迅速拓宽市场渠道,提高品牌影响力。在家电行业内部,通过将自身的竞争对手收购,从而可以弥补自身与行业领先的发达国家企业在工业技术、品牌管理以及市场扩展等方面的差距,提高自身在国际市场中的竞争力。

（4）并购地区集中在发达国家。我国海外并购目标企业主要集中在美国、日本、欧洲等国家和地区，同时涉及部分发展中国家。由于欧美日高度发达和成熟的市场，新品牌进入是十分困难的。发达国家企业的品牌效应有较大的辐射性，同时也具有十分成熟的销售渠道。我国家电企业通过对欧美日等国家和地区的目标企业进行并购，可以从中获得先进的技术和管理经验，以及目标企业的分销渠道和客户，让企业迅速占领东道国市场。

第二节　海外市场分析

出于数据局限性考量，本书仅以日美为例，尝试说明目前发达国家家电行业的发展阶段及其市场竞争格局，同时分别以大金工业、惠而浦和伊莱克斯为例总结国际家电龙头企业海外扩张经验，以资借鉴。

一、美国市场

美国家电市场已进入成熟期。发达国家主要家电品类的保有量已经接近"天花板"，以美国为例，美国的城市化进程早在第二次世界大战前已经基本完成，战后洗衣机、冰箱、电视等大家电迅速完成普及，形成了全国性的统一市场，即便是渗透率缓慢提升的空调，也在 20 世纪 90 年代中期保有率达 70% 以上。现阶段消费需求主要以存量更新为主,整体市场增长空间有限,如图 3-27 和图 3-28 所示。近 15 年来美国家电销售量基本保持平稳,如图 3-29 所示。

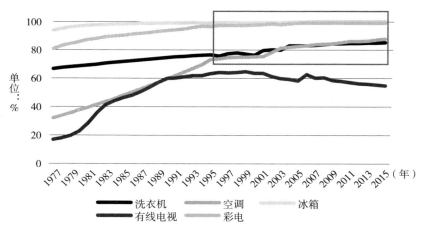

单位：%

图例
洗衣机 空调 冰箱
有线电视 彩电

图 3-27　美国大家电保有率已经饱和

资料来源:Euromonitor

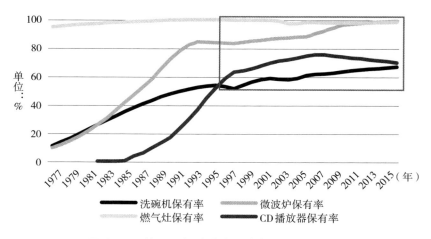

单位：%

图例
洗碗机保有率 微波炉保有率
燃气灶保有率 CD播放器保有率

图 3-28　美国厨电/小家电保有率接近"天花板"

资料来源:Euromonitor

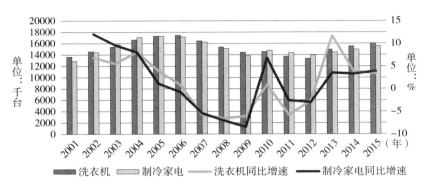

图 3-29　美国家电销量基本保持平稳

资料来源：Euromonitor

零售渠道溢价能力强。第二次世界大战后生产过剩的出现,使得以西尔斯公司为代表的百货商场和超级市场通过买断销售在家电零售渠道逐渐占据主流通道。截至 1963 年,西尔斯公司大型家电产品年销售额 15 亿美元,占公司总销售额的 16%,占全国大型家电产品销售额的 20%。20 世纪 80 年代综合类消费电子连锁店(百思买和曾经的电路城)和建材家居类连锁店(家得宝和劳氏)完成了家电零售渠道的变革。截至 1999 年,西尔斯、劳氏、家得宝、百思买占全美家电销售量的 50%,2007 年占比进一步提高到 65%。从图 3-30 和图 3-31 可以看出,美国主流量贩店建材渠道份额更高,而在大型商超家电零售额方面,沃尔玛则更胜一筹。

同时,安装属性高的家电品类对渠道的依赖程度更强。美国的大型零售商或连锁店通过自行开发商品、完成设计及工艺文件,委托国内外的家电厂商生产自有品牌的家电产品,厂家仅提供原材料获取加工费。例如,西尔斯委托惠而浦生产自有家电品牌 Kenmore。

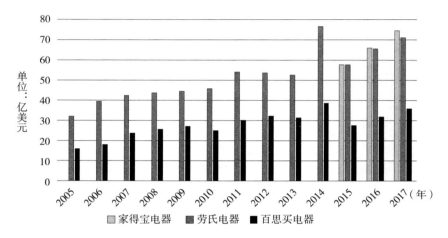

图 3-30　美国主流量贩店建材渠道份额更高

资料来源:彭博社、申万宏源

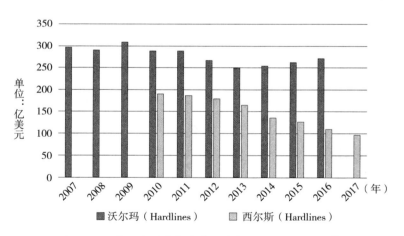

图 3-31　美国大型商超家电零售额沃尔玛更胜一筹①

资料来源:彭博社、申万宏源

---

① Hardlines 主要包括运动器材、床具、家装用品和电子产品。

二、日本市场

日本家电市场以存量更新为主,增长空间有限。如图 3-32 所示,日本城市化进程大概于 20 世纪 70 年代完成。从图 3-33 可以看出,日本从 20 世纪 50 年代中后期随着城市化浪潮,家电"三种神器"(主要指黑白电视、洗衣机和电冰箱)开始迅速普及,这一阶段基本在 1970 年前后完成。家用空调在经历了 40 年的漫长增长后每百户保有量在 2005 年已达 250 台。从图 3-34 可知,2005 年日本的空调保有量遭遇瓶颈,此后增长逐渐趋于平稳。现阶段日本家电的消费需求主要以存量更新为主,整体市场增长空间有限。根据日本电机工业会(JEMA)提供的数据显示,日本 2016 年度空调、冰箱、洗衣机销量分别为 673.95 万台、252.66 万台、270.01 万台,相较于 1990 年分别下滑 11.35%、40.31% 和 39.55%,如图 3-35 所示。

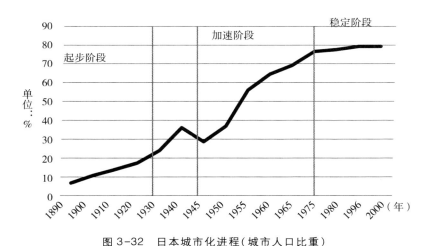

图 3-32　日本城市化进程(城市人口比重)

资料来源:WDI 数据库、申万宏源

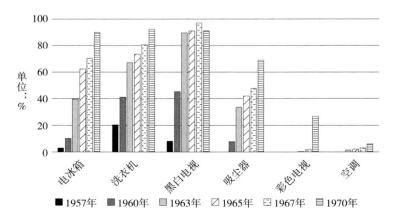

图 3-33　1957—1970 年日本"三种神器"迅速普及

资料来源:日本流通经济研究所、申万宏源

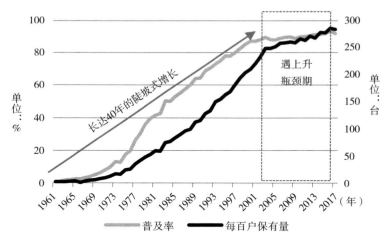

图 3-34　空调保有量至 2005 年遭遇瓶颈

资料来源:日本内阁府、申万宏源

　　日本家电企业优胜劣汰,洗牌加快。近年来青岛海尔、美的集团、鸿海集团和海信电器先后收购日本三洋、东芝白电、夏普和东芝黑电业务,表明日本传统家电巨头正在进行"去家电化"。一方面,经营思维

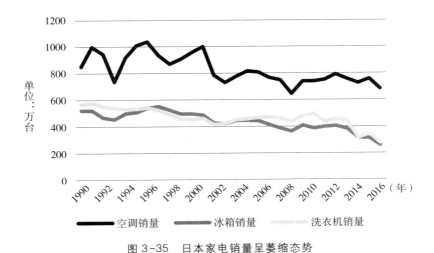

图 3-35　日本家电销量呈萎缩态势

资料来源：日本机电协会（JEITA）、申万宏源

僵化，市场反应迟钝，战略决策失误导致日本家电企业在互联网技术快速发展，中韩家电企业两面夹击下逐渐陨落。例如，数码录放机 DVD 和平板电视上的重大战略决策失误让索尼、松下付出惨重代价。另一方面，日本家电企业通过多元化并购主动进入汽车电池、医疗设备、核电站等多元化领域，摆脱对大众消费品的依赖。如图 3-36 所示，根据日本电机工业会（JEMA）的数据，日本家电出口量正呈逐年递减态势，日本家电企业在全球竞争的格局中日渐式微，如图 3-36 所示。

　　少数早期寻求全球化发展并且成功拓展海外业务的日本企业诸如大金工业，则发展较为平稳。大金工业全球化战略的成功使得公司营业收入从 1994 财经年度的 0.37 兆日元增长至 2017 财经年度的 2.04 兆日元（折合人民币约 1245 亿元），年均复合增长率达到了 7.7%，大金工业的海外公司销售额占集团总销售额的 70% 以上。2008 年公司

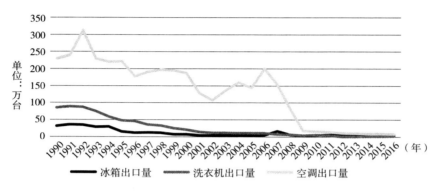

图 3-36　日本主要家电品类出口竞争力日渐式微

资料来源：日本电机工业会（JEMA）、申万宏源

营业收入同比增长 41.53%，主要得益于收购德国暖气供应商瑞德，同
年与格力电器达成战略协议。通过不断收购与海外投资，大金工业在
国内空调市场达到瓶颈的情况下，仍能保持高速增长，1994—2017 年
的年均复合增长率达到 7.7%，如图 3-37 所示。

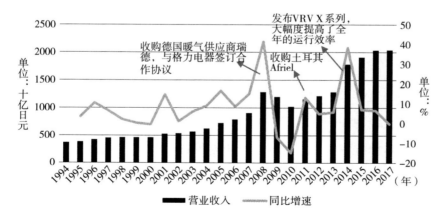

图 3-37　1994—2017 年大金工业营业收入和同比增速

资料来源：彭博社、申万宏源

三、海外市场竞争格局

与日本家电市场的低迷不同,美国家电市场活力依旧,竞争格局也呈现国际化和多元化,中资与韩资家电巨头企业在美国市场表现不俗,占据一定份额。美国制冷家电市场已呈现美中欧三足鼎立的局面,而洗衣机市场呈现欧美韩三足鼎立的局面。根据申万宏源的数据,在白电市场,2014 年青岛海尔完成对通用家电业务的收购之后,一举跻身美国家电市场前列,2015 年青岛海尔自主制冷家电产品份额仅为9.7%,收购通用家电之后整体份额升至第一,达 25.6%。韩国企业表现亦可圈可点,三星电子和 LG 集团不仅在黑电销量上全球领先,白电领域份额也名列前茅,2015 年三星电子和 LG 集团洗衣机市场份额分别为 11% 和 11.5%。而美国本土知名企业如惠而浦表现依然强势,2015 年制冷家电市场份额为 12.4%,洗衣机市场份额达 22.7%。

不同于大金工业的专业化生产,欧美家电巨头伊莱克斯、惠而浦主要通过多元化并购、多品类扩张和全球化经营成长为全球家电龙头。伊莱克斯早期(1901—1964 年)通过自主开发及外延并购从吸尘器单一品类发展成为综合白电生产厂商;中期(1965—1996 年)通过收并购强化主业、开启多元化发展,横向拓宽业务范围;后期(1997—2017 年)重回家电主业,加强外延并购抢占全球市场份额。截至 2016 年底,公司在北美地区,欧洲、中东地区及非洲,拉丁美洲及亚太地区的收入市场份额分别达 36%、31%、13% 和 8%,如图 3-38 所示。

惠而浦初期(1911—1953 年)专注于洗衣机行业,为公司后续发展

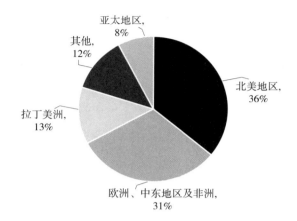

图 3-38　2016 年伊莱克斯海外市场收入占比高

资料来源:彭博社

打下了坚实基础;快速增长期(1953—1986 年)走上品类扩张之路,将公司版图扩张到整个家电行业;1986 年后为从美国滞涨经济泥淖中摆脱出来,公司开启全球化扩张。截至 2016 年,公司美国本土收入占比过半,达 52%,其次是欧洲、中东地区及非洲达 25%,拉丁美洲和亚洲分别贡献 16% 和 7%,如图 3-39 所示。

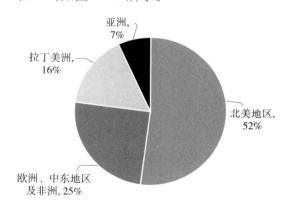

图 3-39　2016 年惠而浦海外收入占比近半

资料来源:彭博社

第三节　多元化和专业化并购案例分析

青岛海尔和美的集团作为中国家电行业的领军企业,在发展的过程中较早地采取了全球化战略,积累了家电企业多元化和专业化并购的丰富经验。

一、青岛海尔

回顾青岛海尔的发展历程,大致可以概括为五个阶段,如图 3-40 所示。

(1)1984—1991 年:名牌战略发展阶段。青岛海尔集团创始人张瑞敏通过颁布著名的"十三条"和"砸冰箱"树立起全员的质量管理意识,同时通过"自主班组管理"来激发员工的主动性,将青岛海尔从一家默默无闻、濒临破产的集体企业打造成全国知名的家电企业。在此阶段,公司营业收入年复合增长率达 119%。

(2)1991—1998 年:多元化战略发展阶段。在此期间,青岛海尔从冰箱单一品类向家电全品类扩张,先后并购青岛红星电器厂(生产洗衣机)、青岛空调器厂、黄山电视机厂等 18 家企业,通过青岛海尔文化激活休克鱼,为被收购企业灌输青岛海尔的"日清日高"管理思想和文化,让企业重新焕发生机。

(3)1998—2005 年:国际化战略发展阶段。在企业国际化过程中,张瑞敏提出"走出去、走进去、走上去"三步走的国际化战略。即先以缝隙产品进入欧、美、日等传统家电强国,并带动发展中国家市场的快速布局,再通过满足当地用户主流需求的本土化产品进入当地市场的主流渠道,并最终实现中高端创新产品的市场引领。

(4)2005—2012年:全球化品牌战略发展阶段。在海外市场进入过程中,青岛海尔选择了一条先通过出口占有市场,再在东道国直接投资建厂,最后选择合适标的跨境并购的阶梯式递进发展路径,逐步扩大青岛海尔在全球市场的竞争力和影响力。在全球化品牌阶段,公司先后收购了日本三洋、新西兰斐雪派克和美国通用家电,都是"借船出海",借助国际强势品牌进入高端国际市场。

(5)2012—2019年:网络化战略发展阶段。在此阶段,公司致力于从传统家电企业转型成为物联网时代的创客平台型公司,此处暂不赘述。

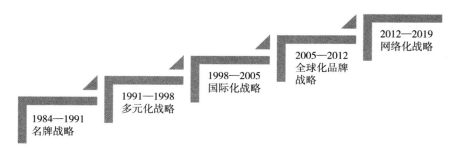

图 3-40　青岛海尔的五个发展战略阶段

资料来源:公司官网、申万宏源

青岛海尔作为家电企业国际化的领头羊,回顾青岛海尔的发展历程,有助于帮助我们重新认识海外并购在企业国际化进程中扮演的角色和意义。从经济学角度来看,企业国际化的进入模式包括三种:贸易型(出口)、契约型(合作协议)和投资型(直接投资和跨国并购)。如

表 3-2 所示,青岛海尔在国际化拓展方面,最早从 1990 年首次向德国出口 2 万台冰箱,拉开向西方发达国家出口家电产品的序幕;20 世纪90 年代末期开始海外建厂、成立合资企业进入海外市场,包括美国、欧洲、日本、东南亚等国家和地区。2005 年青岛海尔进入全球化战略以来,困难不断,直到 2011 年其海外营业收入占公司整体收入比重也只有 11%,表明单纯依赖自身品牌能力,很难"走上去",因此需要跨国并购"借船出海",从而打入海外高端市场。

表 3-2　青岛海尔国际化进程五个阶段

时间	青岛海尔国际化进程	类型	市场
1990 年	青岛海尔首次向德国出口 2 万台冰箱。	贸易型	欧洲
1995 年	青岛海尔开始向美国出口冰箱。	贸易型	美国
1999 年	青岛海尔在美国南卡罗来纳州投资建厂,为国际化奠定基础。	直接投资	美国
2001 年	青岛海尔在巴基斯坦建立全球第二个海外工业园。	直接投资	巴基斯坦
2001 年	青岛海尔收购意大利迈尼盖蒂冰箱工厂,开拓欧洲市场生产基地。	跨国并购	欧洲
2002 年	青岛海尔与日本三洋成立合资公司销售青岛海尔品牌产品。	契约型	日本
2006 年	青岛海尔在印度浦那建成工业园区,加快东南亚市场布局。	直接投资	印度
2007 年	青岛海尔收购三洋环球电器有限公司,成立青岛海尔泰国冰箱工厂。	跨国并购	泰国
2007 年	由于缺乏品牌影响力,三洋青岛海尔连年亏损宣布解散。	契约型	日本
2011 年	公司以 100 亿日元(人民币约 8.37 亿元)收购三洋白电业务。	跨国并购	日本
2012 年	公司以 9.27 亿新西兰元(折合 7.66 亿美元)收购新西兰斐雪派克。	跨国并购	大洋洲
2016 年	公司以 55.8 亿美元收购美国通用家电业务。	跨国并购	美国

资料来源:公司官网

具体而言,分别以跨国并购的日本三洋、新西兰斐雪派克和美国通用家电业务剖析海外并购中值得借鉴的经验和教训。

日本三洋:研产销一揽子并购、协同效应实现扭亏为盈。2011 年 10 月,青岛海尔以 100 亿日元(人民币约 8.37 亿元)收购日本三洋在日本、印度尼西亚、马来西亚、菲律宾及越南的白色家电业务,包括三洋品牌在东南亚地区的五年使用权和日本三洋旗下 Aqua 品牌的终身使用权。这次具有里程碑意义的多国并购涉及三洋在日本和东南亚地区的 2 个研发中心、4 个制造基地和 6 个本地营销架构以及 1200 项专利,不仅进一步完善了青岛海尔在东南亚地区市场的布局,更是通过差异化的文化融合和机制创新模式,将青岛海尔"创业创新"的品牌文化基因成功输送给并购来的组织和员工,实现了 Haier 和 Aqua 双品牌在日本和东南亚地区市场的融合发展。2014 年三洋白电业务实现首次盈利,2015 年 5 月,青岛海尔宣布出资 48.74 亿元收购青岛海尔集团持有的青岛海尔新加坡投资控股有限公司全部股份,从而获得青岛海尔新加坡投资控股有限公司持有的日本三洋相关资产。

表 3-3　青岛海尔收购日本三洋"研发+生产+销售"一揽子方案

国家	三洋白电资产	具体业务
日本	三洋 Aqua 株式会社	生产销售家用和商用洗衣机
	Konan Denki 株式会社	生产家用洗衣机
	青岛海尔三洋电器株式会社	设计与开发家用电冰箱
泰国	青岛海尔电器(泰国)有限公司持有的股份	生产家用电冰箱
越南	三洋 HA Asean 有限公司(越南)	渠道网络

国家	三洋白电资产	具体业务
印度尼西亚	三洋印度尼西亚有限公司	生产基地
	三洋印度尼西亚销售有限公司	渠道网络
菲律宾	三洋菲律宾公司	渠道网络
马来西亚	三洋销售及售后服务有限公司（马来西亚）	渠道网络

资料来源:公司公告

　　新西兰斐雪派克:资源互补实现互利共赢。2012 年 11 月,青岛海尔以 9.27 亿新西兰元(折合 7.66 亿美元)收购新西兰国宝级家电品牌斐雪派克,通过资源互换实现双方"共生共赢"。双方约定在全球范围内互补技术优势、共享市场和供应链资源,有效夯实了高端家电产品的研发、制造能力。以洗衣机为例,利用青岛海尔的产品平台和斐雪派克的滚筒洗衣机技术优势,2014 年公司将滚筒洗衣机投入澳大利亚和新西兰市场,仅 18 个月时间市场占有率就从 1% 跃升至 22%。使用了斐雪派克技术的洗衣机也牢牢占据了中国国内的高端市场。此外,在核心零部件和智能装备的整合上,青岛海尔实现高端电机互联网智能工厂产能迅速提升(2013—2016 年产能从 150 万台提升到 500 万台),基于斐雪派克先进的智能制造技术,青岛海尔自主研发全球领先的工业互联网平台 COSMOPlat,为企业转型升级搭建平台和标准,如图 3-41所示。

　　美国通用家电:轻度整合发挥协同效应。2016 年 6 月 7 日,青岛海尔以 55.76 亿美元(折合人民币约 388 亿元)收购通用家电业务。通用家电包括 10 家全资子公司的 100% 股权,三家合资公司的部分股权

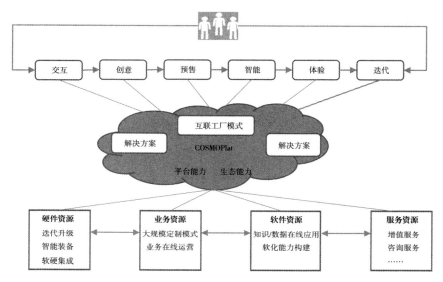

图 3-41　青岛海尔通过 COSMOPlat 实现用户全流程参与的大规模定制
资料来源：公司官网

以及三家公司中的少数股权,约 90% 的业务收入来自美国市场,覆盖了主流市场上包括冰箱、洗衣机、灶具、洗碗机在内的白电产品。由于跨文化企业整合不易,公司提出"轻度整合"策略,有望通过销售网络互补、细分市场拓展、新产品开发和提升议价能力等方式实现收入协同效应,通过提升采购规模优势、提升质量能力和提高生产效率等方式实现成本协同效应。

表 3-4　通用电气家电业务竞争优势突出

竞争优势	通用家电——北美地区第二大家电品牌
品牌优势	百年传承、品牌知名度高。
研发生产	全球 4 大研发中心、全美 9 个生产基地,拥有上千项技术专利。

续表

竞争优势	通用家电——北美地区第二大家电品牌
渠道网络	覆盖全美、辐射全球的销售网络,与全美四大连锁家电零售商保持密切战略合作关系。
市场占有率高	2015 年整体市场占有率 20%,位列美国家电品牌第二。
产品覆盖	高中低端全面布局,旗下拥有六大品牌,全方位覆盖细分市场。

资料来源:公司官网

概括起来,青岛海尔在跨国并购进程中呈现出以下四大特点:

(1)标的以专业化并购为主、方式以现金支付为主。从 20 世纪 90 年代家电多品类扩张到 21 世纪的国际跨国并购,青岛海尔始终围绕家电传统主业进行专业化并购,不断推动全球化经营。在收购方式上,青岛海尔主要以现金支付为主,不论是日本三洋、新西兰斐雪派克还是美国通用家电,公司通过现金支付有利于提高竞标成功率,同时对于并购标的的公司而言,现金支付有利于股东快速得到回报,促成双方达成意愿。

(2)渐进式并购:前期的充分合作有助于并购后整合协同效应发挥。对日本三洋的收购,青岛海尔早在 2002 年便与之成立合资公司、后于 2006 年、2007 年收购其冰箱研发业务和泰国生产工厂,前期的深度合作有利于 2011 年全面收购后企业文化、品牌、技术和研发人员的全方位整合。早在 2012 年收购新西兰斐雪派克前,青岛海尔于 2004 年便与之建立首次合作,2009 年先认购其 20% 股份,在研发、采购、制造和营销方面建立合作关系,双方管理层达成理念共识,在品牌和销售渠道协同方面,青岛海尔在海外市场实施缝隙战略构建局部优势,站稳脚跟后再通过双品牌运营战略逐步扩大国际市场影响力。

渐进式并购有利于并购后对企业文化冲突的管理。以日本三洋为例,日本企业年功序列制和终身雇佣制观念根深蒂固,与青岛海尔人单合一的绩效薪酬文化截然不同。经过长时间沟通交流后,双方增进理解和信任,最终在日本三洋建立起以市场为导向的绩效评价体系,公司在并购 8 个月后实现止亏。

(3)"三位一体"本土化战略:生产制造、设计研发和市场营销本土化。青岛海尔目前在全球拥有 10 大研发基地(其中海外 8 个)、24 个工业园、108 个制造中心、66 个营销中心,实现了设计、制造、营销"三位一体"的网络布局。凭借研产销"三位一体"本土化,公司可以第一时间把握市场脉动、研发适销对路产品,快速进入主流市场渠道。

(4)采取温和整合为主的方式。青岛海尔收购新西兰斐雪派克之后,通过确保其管理层充分参与董事会治理、提供更广阔的全球范围职业发展平台、保留现有的组织架构和高管薪酬、实施积极的人才保留计划等措施以保证新西兰斐雪派克的管理层稳定。同时,通过搭建品牌委员会机制,确保新西兰斐雪派克品牌价值的充分保护和升值;坚持并购后新西兰斐雪派克的管理独立,包括本土化和独立运营;对新西兰斐雪派克关键能力的培育(如研发、品牌、先进制造)提供充分支持;评估青岛海尔和新西兰斐雪派克双方的文化共同点和差异点,通过内部员工沟通和文化研讨会等方式实现最大限度的文化融合。

二、美的集团:专业化与多元化收购并举

回顾美的集团发展历程,可以大致概括为三个阶段,如图 3-42 所示。

（1）1980—1997年：暖通空调和小家电内生发展阶段。美的集团从1980年通过生产电风扇配件初涉家电行业，凭借自主研发、试制电风扇于1981年创立自有品牌"美的"；1984年公司收购广州航海仪器厂的空调生产线正式进入空调行业；1992年完成股份制改革成为第一家上市的乡镇企业。

（2）1997—2008年：国内纵向整合及横向并购阶段。1997年美的集团对内开启事业部制改革，对外开启多元化并购品类扩张之路。在此阶段，公司于2001年完成管理层收购实现产权明晰；同时通过与日本东芝、日本三洋、意大利梅洛尼等国际品牌的强强联合，美的集团大规模进入商用空调、微波炉、电饭煲、洗碗机等领域，2004年收购合肥荣事达和广州华凌集团展开冰箱及洗衣机业务，2008年收购无锡小天鹅做强冰洗产业搭建新平台。

（3）2008—2017年：拓展国际化经营阶段。2007年越南小家电生产基地的投产拉开了美的集团海外生产布局之旅，接下来美的集团通过自建海外生产基地、跨国并购双管齐下打造全球化的科技集团。2016年通过收购高科技机器人企业德国库卡集团和以色列Servotronix进军智能机器人领域，同时通过收购东芝白电以及意大利中央空调Clivet进行海外市场扩张。

2017年以来，美的集团加大力度持续推进东芝家电、意大利Clivet、以色列Servotronix、美国Eureka等并购项目的整合，推进流程再造，加速创造并购项目与产品事业部在品牌、渠道、研发创新、供应链领域的协同效应，其中东芝家电与美的集团产品事业部协同互补项目达五十多个，2017年上半年已完成洗衣机、吸尘器、冰箱、微波炉和冰柜等产品上市。同时,成立清洁电器事业部,对标行业领先者,布局重点市场,发挥美的集团产品的规模优势与东芝家电技术优势的协同效应。

1980—1997年
在暖通空调、小家电领域内生增长

1997—2008年
在中国纵向整合及横向并购

2008—2016年
全球拓展

图 3-42　美的集团多元化并购驱动收入高速增长

资料来源:公司公告

美的集团的并购发展可以分为两大类型:专业化并购加强原有业务和多元化并购拓展新业务领域。从发展阶段来看,早期并购主要以品类扩展为主,全球化过程中先后经历出口打开国际市场、自建海外生产基地、跨国并购实现海外扩张三个阶段。

下面主要就美的集团并购日本东芝白电和德国库卡集团的两个案例进行分析。

1. 东芝白电:专业化并购加强主业

2016 年 3 月,美的集团以 537 亿日元(约 4.73 亿美元)现金及承担 250 亿日元(约 2.2 亿美元)的债务收购了日本东芝家电的业务主体日本东芝生活电器株式会社 80.1% 的股份、东芝品牌 40 年的全球授权和超过 5000 项家电技术专利,以及日本东芝家电在日本、中国、东南亚地区的市场、渠道和制造基地。2016 年美的集团海外业务占集团营业收入的 40% 左右,海外业务仅有三分之一来自自主品牌,其余均为代工。日本东芝家电作为日本第二大综合电机制造商,有多年的电机制造技术和品牌影响力,尤其是在日本和东南亚地区,其在欧洲、美国也有一定的品牌效应。图 3-43 和图 3-44 展示了日本东芝 2014 年的家电销售情况。

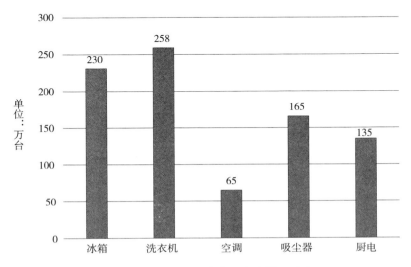

图 3-43　2014 年日本东芝白电销量对比

资料来源:公司公告、申万宏源

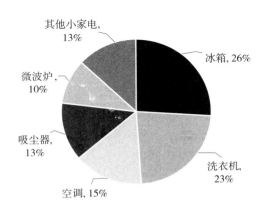

图 3-44　2014 年东芝白电业务全品类发展

资料来源:公司公告、申万宏源

日本东芝白电作为日本传统的三大白电企业之一,在日本和全球市场 40 年的品牌与技术积累深厚。作为昔日的家电大国,日本家电企业技术上优势明显,近年的没落更多是由于过度关注本国市场、成本管理不善、经营理念落后导致全球市场扩张不利等因素。由于日本家电企业的技术优势明显,加上多年的品牌经营,日本国内用户对其信赖度较高,国外企业想要进入日本家电市场困难重重,相较于直接投资日本市场,通过并购会更为有效。日本东芝白电的主要收入 70%来自日本国内,在日本拥有 34 个销售基地和 95 个服务基地,经营品类包括厨电、三大白电、小家电等,各品类在日本的市场份额靠前,如表 3-5 所示。

表 3-5 日本东芝白电 2014 年日本市场份额排名前列

	冰　箱	洗衣机	电饭煲	吸尘器	微波炉
销售份额比例(%)	15.3	20	11.5	13.7	22
排　名	第三	第三	第四	第四	第四

资料来源:GFK、Euromonitor

通过并购日本东芝白电,美的集团可以借助其渠道网络和制造基地直接进入日本市场、扩大东南亚地区市场的品牌影响力,省去投资建厂、新建营销网点等过程。此外,美的集团也获得了东芝核心的压缩机技术以及产业链上的优势,日本企业优良的工艺和精细化管理对美的集团在国际市场上的拓展也有很大的助推作用。2017 年上半年,日本东芝家电实现营业收入 75.31 亿元,净利润-0.92 亿元,经营状况环比持续改善。

2. 跨界并购：收购德国库卡集团进入机器人领域

2016 年 5 月，美的集团通过境外全资公司 MECCA，以现金方式（银团借款加公司自有资金）全面要约收购全球领先的机器人及自动化生产设备和解决方案供应商德国库卡集团。收购完成后，美的集团持有德国库卡集团 94.55% 的股份。

库卡集团是全球领先的机器人及自动化生产设备和解决方案的供应商。库卡机器人板块处于市场领先地位，在汽车工业机器人行业位列全球市场前三、欧洲第一。2017 年 1—3 季度库卡集团收入 25.97亿欧元，如图 3-45 所示。图 3-46 展示了库卡集团目前主要发展的三大业务。库卡集团客户主要分布于汽车工业领域，并覆盖物流、医疗、能源等多个领域。近些年受制于汽车行业机器人市场发展缓慢，增速仅为 3%—5%，被收购后美的集团将协助库卡集团进军电子制造和物流仓库的小型灵活机器人，助其进入自动化领域最有潜力的中国市场。

据国际机器人联合会（IFR）数据，中国市场的机器人销量约占全球销量的 1/3，2016 年的增速为 27%，远高于欧洲的 12% 和美洲的8%，未来中国市场潜力巨大，如图 3-47 和图 3-48 所示。

对库卡集团的收购除了帮助美的集团实现对传统家电行业务的生产基地、供应链和物流网络的自动化，同时利于美的集团转型升级，实现在机器人本体生产、工业自动化方案、系统集成以及智能物流等领域的全面布局。

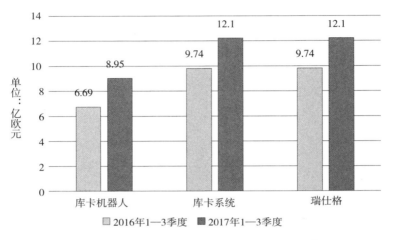

图 3-45　2016 年和 2017 年 1—3 季度库卡集团收入

资料来源：公司公告、申万宏源

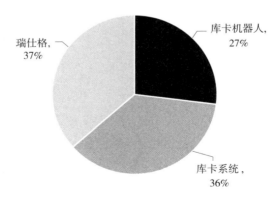

图 3-46　库卡集团三大板块业务发展均衡

资料来源：公司公告、申万宏源

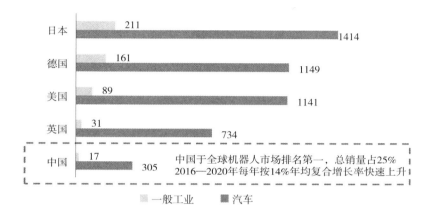

图 3-47　中国机器人渗透率低发展空间广阔

资料来源:公司公告、申万宏源

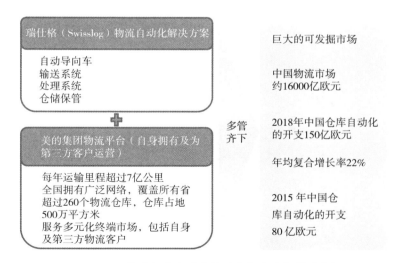

图 3-48　物流行业自动化渗透率仍有大幅提升空间

资料来源:公司公告、申万宏源

第四节　经验与建议

近几年,家电行业转型升级步伐加快,中高端产品供给能力明显改善,科技创新能力显著增强,智能制造大力发展,销售渠道多元突破,国际化发展深入推进,出口优势继续保持,海外并购更趋频繁。顺应消费升级的大趋势,家电产品不断取得突破,家电行业可谓拾级而上,逐渐步入全新发展阶段。

回顾欧美和日韩家电龙头企业的发展,都是抓住了需求爆发的机遇,通过加大家电行业板块投入,成为世界领先的家电企业,而随着行业增长触及"天花板",企业发展陷入瓶颈期,转型为多元化发展也是必然主题。

面临此次消费升级,我国家电企业一方面可以通过对海外企业的纵向专业化并购来拓展全球市场空间、提升运营效率、提升品牌影响力,另一方面还可以通过多元化并购以及适当的业务剥离从而开启转型之路。多元化经营公司的一个特征是永远处于寻找最有发展前景业务的状态中,企业通过不断抓住社会最需要的产品进行生产,淘汰自己不再看好的相关业务,新老业务并存、交替,时刻保持变化。

总结国内外家电龙头企业多元化海外并购经验,机遇与挑战并存。机会在于通过切入回报率和发展前景高的行业,家电企业可以避免陷入增长"天花板";挑战在于协同效应弱、分散现有的经营资源以及若并购整合不当会导致企业出现大幅亏损。所以,多元化的海外并购对企业管理层的战略和经营能力是重大考验。

综上所述,我国家电企业进行多元化海外并购要重点把握三个原则:一是新业务与主业具有一定协同性,或者新进入行业发展空间广阔、竞争格局未定;二是并购方业务板块清晰,不过多涉及不同主业;三是企业管理层能力强,具有相关海外并购整合经验。

附录 我国家电企业主要海外并购项目列表

并购买方	并购标的	交易时间	交易金额	交易内容
海信集团	日本夏普墨西哥工厂	2015年7月	2370万美元	全资收购日本夏普墨西哥工厂,包括夏普电视美洲品牌使用权和渠道。后出资2900万美元,用于工厂技改。
	日本东芝映像解决方案公司	2017年11月	129.16亿日元(7.98亿元人民币)	日本东芝电视业务95%股权,包括东芝电视40年全球品牌授权。
美的集团	以色列Servotronix	2017年2月	未公布	以色列开发和销售运动控制及自动化解决方案的公司Servotronix超过50%的股权。
	德国库卡集团	2015年8月—2017年1月	37亿欧元(276亿元人民币)	收购德国上市公司全球四大机器人公司之一的库卡集团94.55%的股权。
	意大利Clivet	2016年6月	未公布	意大利中央空调企业Clivet80%股权。
	日本东芝生活电器株式会社	2016年6月	514亿日元(约5亿美元)	日本东芝家电行业务80.1%股权,包括东芝品牌的全球授权。
	美国开利公司拉美空调业务	2011年8月	2.233亿美元	开利拉美空调业务51%的股权。
	埃及Miraco	2010年10月	5748万美元	埃及空调业务上市公司Miraco32.5%股权。

续表

并购买方	并购标的	交易时间	交易金额	交易内容
青岛海尔	意大利迈尼盖蒂冰箱厂	2001 年 6 月	未公布	并购意大利迈尼盖蒂冰箱厂。
	日本松下家电业务（日本三洋）	2011 年 10 月	约 100 亿日元	全资收购松下家电业务,包括在东南亚地区"SANYO"品牌使用权,2 个研发中心,4 个制造基地及渠道资源。
	新西兰斐雪派克	2011 年 11 月	9.27 亿新西兰元(7.66 亿美元)	全资收购新西兰上市公司顶级厨电品牌斐雪派克,包括品牌、技术及五个生产基地。
	美国通用电气家电业务	2016 年 6 月	55.8 亿美元	全资收购美国通用电气家电业务全部资产,包括全球范围的通用商标许可权。
创维数码	德国美兹 Metz 电视业务	2015 年 4 月	不到 1 亿元人民币	收购德国破产企业 Metz 电视业务,包括电视业务、电视相关专利和 Metz 品牌等。
	PT.Toshiba Co-nsumer Products Indonesia	2016 年 3 月	2508.83 万美元（约 1.94 亿港元）	全资收购东芝印度尼西亚电视、洗衣机业务。
四川长虹	日本三洋电视中国内地业务	2015 年 10 月	未公布	承接"三洋"品牌电视中国内地业务使用权,有效期至 2019 年底。
TCL 集团	日本三洋墨西哥彩电工厂	2014 年 4 月	1522 万美元	获三洋墨西哥公司 90% 股权（195 万美元）,三洋墨西哥彩电工厂的土地、厂房和设备（1327 万美元）。

第 四 章

乳制品行业通过海外并购实现战略布局

近年来,乳制品行业的海外并购正在如火如荼地进行,一系列问题也随之涌现。在未来发展过程中,中国乳制品企业能否学习好海外企业的先进生产技术和管理经验,真正实现双方并购的协同效应,将决定海外并购是否能够从根本上推动中国乳制品行业的战略升级。

第一节 乳制品行业概况及发展趋势

目前,我国乳制品行业处于平稳发展期,行业销量增速放缓,但消费升级趋势越来越明显,消费者需求不断变化。中国乳制品企业纷纷在海外寻找机遇,希望通过并购来获得优质奶源和先进技术,以应对国内乳制品市场供需失衡的现状。

一、乳制品行业概述

乳制品指的是使用牛乳或羊乳及其加工制品为主要原料,加入或不加入适量的维生素、矿物质和其他辅料,使用法律法规及标准规定所要求的条件,加工制作的产品。乳制品包括液体乳(巴氏杀菌乳、灭菌乳、调制乳、发酵乳)、乳粉(全脂乳粉、脱脂乳粉、调制乳粉、牛初乳粉)、其他乳制品(奶酪、炼乳等)。

乳制品产业链较长,包括草原生态、饲料、畜牧、物流、加工包装、商品批发及零售、健康生活习惯培养、健康知识传播等环节,如图 4-1所示。

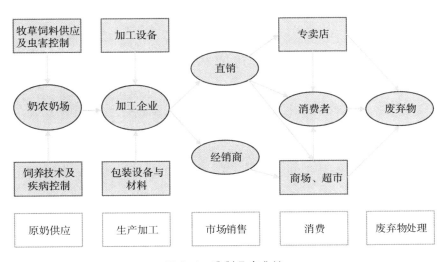

图 4-1　乳制品产业链

资料来源:申万宏源

图 4-2 和图 4-3 分别展示了 2003 年以来,我国乳制品行业收入、

累计利润及增速。截至 2016 年底,乳制品制造行业累计实现营业收入
3504 亿元,同比增长 5.3%,实现利润总额 260 亿元,同比增长 7.6%。

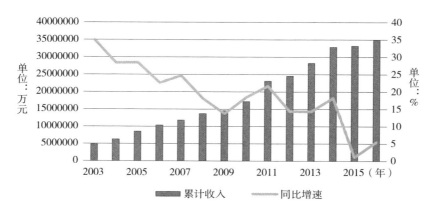

图 4-2　2003 年以来乳制品行业收入及增速

资料来源:国家统计局

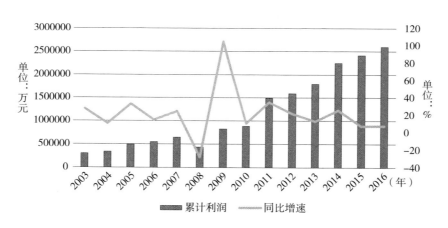

图 4-3　2003 年以来乳制品行业利润及增速

资料来源:国家统计局

回顾近 30 年来我国乳制品行业发展,可分为三个发展阶段:

(1)1993—1998 年,产品导入期。1997 年以前乳粉供过于求,造

成产品积压,经过结构性调整,1997 年以后开始大力发展液体奶。

(2)1999—2008 年,产品深入推广期。这个时期的两个推力,一是产品技术带来的变革,伊利和蒙牛两个品牌的常温产品突破运输半径和保质期限制,二是城镇化率的快速提升带来线下传统流通渠道的快速增长。

(3)2009 年至今,平稳发展期。行业销量增速放缓,但消费升级趋势越来越明显。

从中长期发展来看,乳制品行业依然保持稳定向好的趋势。主要原因:一是全球各主要液体乳消费国人均消费 23—102 千克,而我国当前人均乳品消费水平较低,人均液奶消费量仅 17.3 千克,显著低于全球其他国家水平,人均消费量增长空间较大,如图 4-4 所示;二是随着人民生活水平的不断提高和居民健康意识的增强,对乳制品的需求也在逐年上升,加上人口老龄化的到来,城镇和农村乳制品消费市场的潜力释放,乳制品的需求会大大增强,如图 4-5 所示;三是从全球乳品消费的趋势来看,短期内亚非拉地区仍将是全球乳品消费增长的主引擎,如图 4-6 所示,根据中国产业信息网的预测,至2020 年我国乳制品年均复合增长率预计为 4%,消费增量贡献预计占比为 84%,未来对海外市场的进军,也是国内乳制品行业的潜在业务增长点。

国家市场监督管理总局 2010 年发布的《企业生产乳制品许可条件审查细则(2010 版)》包括主要原料产品、人员要求、技术要求、工艺文件、采购等各项管理制度审查条件,提高了乳制品行业的要求。同时,国内乳制品还面临着外资品牌的侵入和进口奶源价格波动等挑战,一方面增加了乳制品企业的压力,另一方面激烈的竞争态势也有利于行业的健康发展。

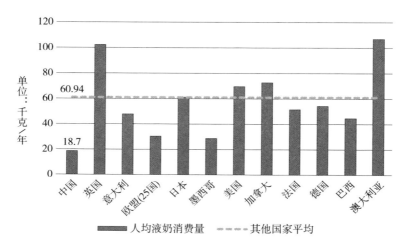

图 4-4　2013 年中国年人均液奶消费量远低于其他国家

资料来源:申万宏源

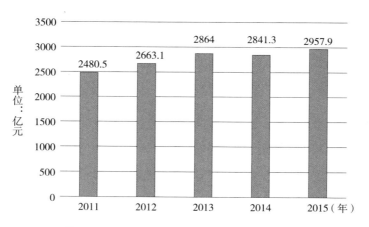

图 4-5　2011—2015 年中国乳制品消费总量

资料来源:中商产业研究院

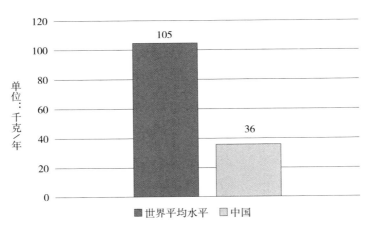

图 4-6 2015 年人均乳制品折合生鲜乳消费量

资料来源:中商产业研究院

二、细分行业发展概述

(一)液态奶:高端液态奶增速可观

2017 年,中国液态奶行业零售额为 1170 亿元。2012—2017 年,液态奶行业零售额年均复合增长率为 7%,液态奶行业前三企业集中度为 45%,龙头企业市场占有率为 21%,如表 4-1、图 4-7 所示。中国液态奶消费结构中,巴氏杀菌乳占 10%,超高温灭菌乳(又称常温奶、UHT 奶)占 40.6%,发酵乳占 21.3%,调制乳占 28.1%。美国、澳大利亚等国巴氏杀菌乳占液态奶消费总量的 80% 以上,我国仅为 10%,相对偏低。

表 4-1　各国液态奶行业现状

国家	子行业	2017年销量（百万升）	2012—2017年销量年增速（%）	2017年零售额	2012—2017年零售额年增速（%）	行业前三企业集中度（%）	龙头企业市场占有率（%）
中国	液态奶	9997	3	1170亿元人民币	7	45	21
日本	液态奶	3012	−2	5630亿日元	−1	33	13
美国	液态奶	18805	−2	126亿美元	−3	26	15
法国	液态奶	3166	−2	18亿欧元	−1	49	24
德国	液态奶	4646	−1	21亿欧元	0	17	10
英国	液态奶	5570	1	27亿英镑	−3	37	18

资料来源：Euromonitor

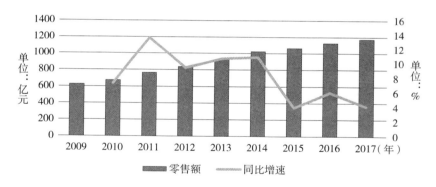

图 4-7　中国 2009—2017 年液态奶零售额变化

资料来源：Euromonitor

2008 年"三聚氰胺"事件后，消费者对产品的安全和质量关注度大幅提升，对高价优质乳品的需求自 2008 年起出现重大转变。高端液态奶如何定义目前尚未有统一的标准，根据欧睿国际统计，高端液态奶凭借优质的产品信誉而被认可，一般以较普通液态奶高出至少 30% 的零售价出售。高端液态奶销售额由 2008 年的 102 亿元上升至 2012 年的 304 亿元,年均复合增长率为 31%,市场占有率由 2008 年的 7% 上升至 2012 年的 12%。随着人均收入的上升、对食品安全和健康的日益重视,预计未来几年高端液态奶增速可观,预计 2019 年高端液态奶收入将占乳制品总收入的 19%。

(二)酸奶:常温酸奶发展空间巨大

如图 4-8 所示,近几年,随着我国居民对酸奶认知和消费意识的提升,行业发展速度较快,远远高于其他国家的市场增长。2017 年,我国酸奶行业零售额为 1219 亿元。2012—2017 年,酸奶行业零售额年均复合增长率为 22%,行业前三大企业集中度为 67%,龙头企业市场占有率 31%。目前我国酸奶产品已占液态乳行业 30% 左右的份额。

图 4-8　2010—2015 年各国和地区酸奶市场增长率

资料来源:智研咨询

究其原因,酸奶产品的口味、营养和健康理念被广大消费者接受并推崇,造就了我国酸奶市场如今的发展。酸奶产品的优势一是口味和种类要优于牛奶。酸奶具备独特、醇厚的口味,且生产工艺的复杂性扩大了不同品牌酸奶间口味的差异性和丰富性,更高的黏稠度使得酸奶中可以添加果粒、谷粒,在丰富口味的同时也提升了健康因素。据CMMS的调查,认为牛奶好喝的消费者不足5%,而同样的调查显示,近40%的消费者认为口味佳是选择酸奶的首要因素。优势二是酸奶产品符合消费者的健康理念趋势。酸奶产品(包括发酵乳和乳酸菌饮料)和普通液体乳最大的区别就是生产过程中乳酸菌的加入。酸奶由纯牛奶发酵而成,除保留了鲜牛奶的全部营养成分外,在发酵过程中生成了全新的质地(黏稠度和口感)、独特的风味和许多营养物质。牛奶中的蛋白质和乳糖等大分子营养物质在发酵的过程中分解成易于吸收的小分子。低温产品更是在包装时保留了活性乳酸菌,进入肠道后能帮助维持肠胃健康。纯牛奶中的乳糖在肠道内较其他糖类分解缓慢,缺乏乳糖酶的人难以消化,一般会出现腹胀、腹泻甚至呕吐。而东方人普遍缺乏乳糖酶,据统计,中国乳糖酶缺乏者占比高达50%,其中乳糖不耐受症患者占比14%。经发酵的酸奶,乳中的乳糖分解为半乳糖和葡萄糖,极大地缓解了可能的过敏反应,也促进了乳糖的吸收,适合乳糖不耐受症者食用。优势三是酸奶产品的休闲化趋势扩大了市场空间。发酵乳和乳酸菌饮料提供了从纯液体到半固体不同黏稠度的选择,因此,酸奶制品不光可以和普通液体乳一样作为饮品,更能挤入现代消费者零食和甜点的候选名单。近些年,像希腊酸奶一样的高黏稠度产品开始逐渐替代西方人的一日三餐,成为快节奏人群填饱肚子的选择。酸奶的休闲化趋势,极大开拓了消费场景,提高了消费频率,预计将成为健康因素以外酸奶未来持续高增长的另一核心驱动力。

从全球角度来看,酸奶在全世界范围内早已流行,发达的亚洲国家和地区甚至有 50% 或以上的液体乳市场被酸奶占据。未来随着海外文化和餐饮理念的传入,中国年轻一代很可能快速追赶上全球酸奶消费的步伐,继续推高酸奶消费在中国的市场份额,如表 4-2 所示。2016 年,北京、上海、广州合计酸奶消费占全国比例为 45%,如图 4-9 所示。

表 4-2 我国酸奶消费量远低于世界平均水平

	人均 GDP($)	人均消费量($)	
		酸奶	液态奶
加拿大	52	71	112
美 国	52	25	60
日 本	47	78	78
德 国	42	40	43
法 国	41	51	49
英 国	39	45	90
西班牙	29	53	92
韩 国	23	39	67
俄罗斯	14	31	38
巴 西	11	27	68
中 国	6	5	21
印 度	2	1	7
世界均值		33	58

资料来源:根据公开资料整理

我国常温酸奶 2009 年开始起步,2014 年规模约为 86 亿元,年均

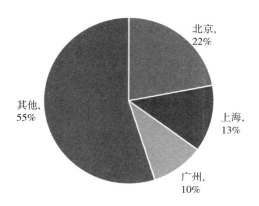

图 4-9　北京、上海、广州合计酸奶消费量占全国比例 45%

资料来源：智研咨询

复合增长率高达 91%。常温酸奶摆脱了传统酸奶流通过程中冷链的限制，扩大了流通范围。尼尔森数据显示，2013 年省会城市酸奶零售额增速为 12% 而县市级城市及以下增速为 32%，常温酸奶的出现将推动酸奶在县市级城市流通。同时由于常温酸奶不受老人和小孩及胃寒人士不便于饮用低温酸奶的限制，预计未来常温酸奶发展空间巨大。

（三）奶粉：奶源是根本，渠道为王道

尽管二孩政策的实施给行业带来新的增长点，但目前看来二孩政策效果并未如预期，且随着未来母乳喂养比例的上升加上外资奶粉的进一步涌入，预计未来几年婴儿奶粉行业销量增速较为缓慢。

我国婴儿奶粉市场渗透率提升空间有限。根据尼尔森的统计数据，我国婴幼儿奶粉销售额由 2010 年的 637 亿元上升到 2017 年的 863 亿元，2015 年增长率为 -3.3%，2016 年增长率为 -2.2%，2017 年增长率为 2.3%。据 Global Demographics 预测,2013 年我国婴儿奶粉市场渗透率已经高达 85%,未来渗透率提升空间有限。未来随着教育水平和人均收入的上升,消费者对婴儿奶粉的需求越来越精细化,更倾向于选择更高端的产品,目前我国母婴渠道高端产品销售比例已经超过 50%。

三、乳制品企业海外并购机遇分析

随着我国人均年收入水平的提高,年人均蛋白质的摄入量也越来越高,2007 年已经超过了日本和韩国水平。乳制品可以为人体提供大量优质蛋白质,然而与肉、蛋等可以提供高蛋白的食品相比,中国乳制品的自给自足率却是最低的。世界银行研究报告显示,2012 年中国自身产能可以满足 86% 的乳制品需求,但随着需求量增大,这一比例到 2030 年将下降到 76%。国内乳制品市场供需缺口,在 2013 年以"奶荒"的形式出现在了民众的生活里。"三聚氰胺"事件后,国家和地方出台了一系列政策支持规模化养殖,减少了对散户养殖者的补贴,导致散户养殖者的大量退出。加上 2013 年春天大规模疫情暴发,新西兰进口量的减少,原奶价格大幅上涨,甚至超过了一些欧美国家的价格。

为了应对国内乳制品市场的供需失衡,中国乳制品企业纷纷在海外寻找机遇,希望通过并购来获得优质奶源和先进技术。自 2010 年光明乳业收购新西兰新莱特乳业 51% 的股权开始,国内很多乳制品企业纷纷开展海外投资并购,其原因一方面是可以获取稳定的奶源,另一方面通过加大海外自主投入,利用国内和国外双奶源地进行调剂,避免单一奶源产地带来的价格波动和生产风险。此外,通过借鉴国际乳业的先进技术和管理经验完善自身的产业链建设。

另外,随着国内乳制品企业的快速成长,其国际化策略也在发生改变,"出海"的目的也逐渐从资源获取转向市场渠道获取。国内乳业领先企业一般都具有较强的资金实力,通过海外设厂或与国外知名企业合作,不仅能绕道增加国内市场份额,还能借此打开其他国家市场入口。值得注意的是,我国乳制品企业在布局奶源的同时,也要注重产品研发,因为不同国家、不同地区消费者所需婴幼儿配方乳粉差异较大,产品首先要在配方上制胜,才能具备市场竞争力,而且其他乳制品产品出于市场竞争的需要也应不断推陈出新。

我国乳制品企业海外并购的业绩从如下几家公司的业绩上可窥见一斑。伊利作为国产乳业的领先企业近几年业绩不断提升,2016 年营业收入超过 600 亿元,同比增长 0.75%,净利润 56.62 亿元,同比增长 22.24%。澳优乳业也保持了较高的利润水平,2016 年营业收入同比增长 30.3%,净利润同比增长 320.4%。光明乳业收购的新西兰新莱特乳业 2012 年也扭亏为盈,2016 年实现了 1.81 亿元的净利润,2016 年新莱特乳业营业收入在光明乳业营业收入中占比达到 14.07%。另外,通过 2016 年 9 月光明乳业投资人民币约 1.96 亿元参与新莱特乳业的增资配股项目也可以看出光明乳业对新莱特乳业的重视程度逐步增强。

第二节　海外乳制品市场发展

美国和新西兰两国凭借其自然、技术等方面的良好条件,常年领跑世界乳制品市场。这两国乳制品市场经历了转型、快速发展、趋于成熟等多个阶段,其发展经验值得中国乳制品企业学习和借鉴。

一、美国市场

美国的乳制品一直位于世界前列,辽阔的土地和先进的生产技术为行业发展创造了良好条件,同时,由美国农业部(USDA)、美国食品药品监督管理局(FDA)和美国乳业管理公司(DMI)共同负责产品质检,加上到位的市场宣传,使得美国的乳制品行业快速发展,成为目前世界最大的乳制品供应国家。

美国乳制品行业大致经历了五个发展阶段:20世纪30—40年代的飞速发展阶段;50—60年代的缓慢发展阶段;70年代突破区域、全国化发展阶段;70年代末开始,美国经济步入转型期,受整体经济低迷、原奶价格波动性大等因素影响,美国乳制品行业收入增速放缓,逐步进入整合期;到20世纪80年代末期,随着1959年至1962年美国婴儿潮出生的人口进入消费高峰阶段,人均消费量也稳步提升,乳制品行业逐步完成整合,加上1985年美国政府开始对乳制品行业实施补贴政策,行业发展重新步入快速增长阶段。

目前,美国乳制品发展已经趋于成熟,并形成了自有的一套生产、质检和营销体系。反观我国乳制品行业现在所面临的发展环境,与20世纪80年代中后期美国的发展有相似之处,具体体现在:人均乳制品消费量低、城乡居民乳制品消费差距大、人均收入提升、未来城乡消费差距将进一步缩小等。

二、新西兰市场

新西兰乳制品行业发展始于 1814 年。新西兰属海洋性温带阔叶林气候,终年温和湿润的气候和充沛的雨水,为牛羊生长提供了丰富的青草和良好的条件,这些得天独厚的优势造就了新西兰国际公认的高质量乳制品,而技术和创新也是其行业发展走向成功的重要因素。2016 年新西兰原奶产量为 2117 万吨,全脂奶粉、脱脂奶粉、黄油、液体奶的出口量分别为 132 万吨、45 万吨、56.5 万吨、26.5 万吨,分别占各乳制品全球出口总量的 65%、23%、57%、18%。若折算成原奶,新西兰共有超过 80% 的原奶用于出口,约占全球贸易总量的 30%,带来巨额外汇收入的乳制品行业也被誉为新西兰的"白金行业"。

新西兰乳制品行业大致经历了四个发展阶段:(1)早期阶段:19 世纪初至 20 世纪 30 年代,19 世纪 30 年代合作社总量已超过 400 家并向海外销售,政府于 1923 年成立了乳制品出口生产控制局来控制乳制品出口;(2)发展与整合阶段:20 世纪 30—60 年代,行业开始整合并注重提高效率,400 家合作社整合为 168 家;(3)市场和产品多元化阶段:20 世纪 60—90 年代。从 60 年代起,新西兰乳业开始实行市场和产品的多元化。同时,为了能够在海外市场竞争中获得成功,行业进一步整合,到 1996 年整合为 12 家乳制品企业;(4)快速发展阶段:20 世纪 90 年代至今。2001 年 10 月新西兰乳品局、新西兰乳品集团和 Kiwi 合作乳品公司合并成为恒天然集团,新西兰乳制品行业进入快速发展阶段。

第三节 乳制品行业海外并购案例分析

近年来,光明食品集团认购以色列食品公司 Tnuva、新西兰新莱特乳业两大海外知名乳制品企业股份,成为中国乳制品企业进行海外并购的典型案例。双方通过战略、财务、人力和技术等方面的合作,成功发挥了协同效应,进一步推动了中国乳制品市场的升级和发展。

一、光明食品集团收购以色列 Tnuva

光明食品集团成立于 2006 年 8 月,是一家以食品产业链为核心的现代都市产业集团,由上海益民食品一厂(集团)有限公司、上海农工商(集团)有限公司、上海市糖业烟酒(集团)有限公司、锦江国际(集团)有限公司的相关资产集中组建而成。集团核心业务主要由现代农业、食品制造业和连锁商贸业组成,拥有光明、大白兔、冠生园、梅林等众多驰名商标和名牌产品,集团业务网络覆盖全国,并与 160 多个国家和地区的上万家客户建有稳定的贸易关系。光明食品集团拥有四家上市公司,分别为金枫酒业股份有限公司、上海海博股份有限公司、上海梅林正广和股份有限公司和光明乳业股份有限公司。

光明乳业成立于 1996 年,是由国有资本、社会公众资本组成的产权多元化股份制上市公司,从事乳和乳制品的开发、生产和销售,奶牛的饲养和培育,物流配送,营养保健食品开发、生产和销售等业务,主营产品包括新鲜牛奶、新鲜酸奶、乳酸菌饮品、常温牛奶、常温酸奶、奶粉、婴儿奶粉、奶酪、黄油等多个品类,并于 2002 年在上海证券交易所上市。

Tnuva 有超过 85 年的历史,是以色列最大的食品公司,销售额约占以色列全国乳制品市场份额的 50%,产品包括乳制品、肉蛋、冷冻食品,其中牛奶和乳制品是重点。产品同时还外销至中东地区、欧洲和美国等地。Tnuva 在乳品产业链上的研发制造、牧业养殖和管理等方面也位于世界领先水平。按光明乳业并购时的汇率换算,截至 2015 年一季度,Tnuva 总资产约为 111.62 亿元,负债率 58.95%,2014 年实现营业收入 106 亿元,净利润 6.35 亿元,合并后为光明乳业直接贡献净利润约 4.9 亿元。

2015 年 3 月 31 日,光明食品集团宣布收购了 Tnuva76.7% 的股份,包括英国私募股权集团 Apax 持有的 56.7% 股份和以色列私募公司 Mivtach Shamir 持有的 21% 股份,对应 Tnuva 的市值为 86 亿新谢克尔(约 25 亿美元、约 153 亿元人民币)。此次收购目的在于通过双方在技术研发、市场营销、渠道通路的充分合作,汲取以色列高效现代农业的经验,促进光明食品集团全产业链的精细化发展,优化产品结构,加快发展步伐,进一步增大国内市场份额并拓展国际市场,增强企业盈利和市场竞争力。收购完成后,Tnuva 由光明乳业代为管理。2015 年 10 月,光明乳业拟定向增发收购 Tnuva,后由于国内证券市场环境不佳主动终止。

此次收购的协同效应具体表现在:(1)从技术角度来说,虽然以色列是耕地贫瘠、水源奇缺的国家,但农业技术水平相当高,其中养牛业产值占农业总产值的 14%,本地选育良种奶牛单产达到 14 万吨,为全球第一,而国内平均单产仅 5 万多吨,光明下属牧场单产 10 万多吨,仍有较大差距,且单产量差(产量波动)小,通过引进 Tnuva 先进的牧业管理技术和经验,有利于提升下属牧场的经营水平;(2)我国乳制品贸易仍显示出进口单向型的特点,存在进口集中度高、出口规模小、出口品种单一等问题,同时受到国际贸易保护主义、出口技术壁垒和食品安全问题等因素制约,而通过海外并购可以帮助企业实现海外市场的突破。光明乳业对 Tnuva 的收购,实际上是获得了以色列和中东、欧洲、美国等国家和地区之间的商品贸易渠道,再匹配其优势产品和适当的营销策略,能够相对快速扩大其国际市场份额;(3)Tnuva 产品品种丰富,包括有机酸奶、奶酪、鲜奶、黄油、甜点、乳清粉等,同时 Tnuva 为全球知名的乳清粉供应商,可以满足光明乳业对婴幼儿奶粉原料的需求,而光明旗下新莱特生产的工业奶粉可以满足以色列产奶淡季的奶源供应,二者可以形成良好的补充效应。此外,光明食品集团会将 Tnuva 的优势奶酪产品引进中国市场,通过合作的方式,进一步发挥协同效应。目前,Tnuva 的乳清蛋白粉和脱水蔬菜已引入了中国市场。而由于目前两国乳业贸易政策原因,其他乳制品的进口尚待落实。

二、光明乳业并购新西兰新莱特乳业

新莱特乳业 2005 年成立,2008 年 8 月正式投产,其拥有的坎特伯雷牧场被认为是新西兰规模最大、最具创新性的农场之一。该公司曾是新西兰恒天然集团的牛奶供应商和股东,后来成为新西兰五家独立牛奶加工商之一,主要从事大包装高端优质奶粉的生产加工。新莱特乳业自营牧场十余家,存栏牛头数约12000余头,拥有充足优质的原料奶资源和高端婴幼儿优质奶粉的生产技术及高科技配方,但正式投产后便遭遇全球经济危机,由于在经济危机中国际原料奶价格整体下滑导致奶粉价格也随之降低,产品利润降低加上负债支出使得新莱特乳业收益为负。2010年,新莱特乳业1号工厂的产能已逐渐饱和,需要寻求新的发展渠道来发展壮大。由于其在2010年财经年度前9个月净收益为−511万新西兰元,且连续两年亏损,想在当地市场寻求融资较为困难。

而中国奶粉行业由于受到2008年的"三聚氰胺"事件影响,出现了重大的信誉危机,国内市场对高端进口奶粉的需求大大增加。光明乳业当时产品主要以液态奶为主,奶粉是短板。而新西兰由于其得天独厚的资源优势,奶源质量高,口碑好。在此背景下,2010年11月,光明乳业以3.82亿元人民币认购新莱特乳业51%的股份,成为其控股股东,获得新莱特乳业经营和财务的控制权。2012年新莱特乳业在光明乳业的管理下扭亏为盈,2013年7月在新西兰证券交易所主板挂牌上市,2016年在澳大利亚证券交易所增资发行。

光明乳业对新莱特乳业并购后的整合主要体现在以下四个方面:

1.战略与品牌整合

新莱特乳业的战略定位是提供优质专业奶粉配方的供应商,产品集中于开发婴幼儿配方奶粉、牛初乳和专门奶粉。光明乳业的并购预期是在海外建立稳定优质的原料供应基地和生产平台,通过新西兰奶源的优质性提高品牌形象和消费者的认可度,并借此进入高端婴幼儿奶粉市场,与国内同行形成差异化竞争。双方的战略目标表明了战略协同实现的可能,光明乳业可以通过自身的产品推广和营销政策帮助新莱特乳业成立新的工厂、扩大产能、进入中国市场,成为优质的供应商;新莱特乳业则可以通过其高端婴幼儿奶粉的生产配方和生产条件、低价优质的奶源,帮助光明乳业成功进入新的市场,实现转型。另外,光明乳业不仅认可新莱特乳业建设 2 号厂的计划和目标,同时支持新莱特乳业的上市计划,并对其进行协助。双方较好地实现了战略和品牌的整合。

2.财务整合

光明乳业在完成对新莱特乳业的收购之后,首先对新莱特乳业的财务预算和资金管理进行了规范,使其财务管理制度可以实现双方的财务报表并表,并且符合国内的监管政策。其次,光明乳业在对新莱特乳业进行投资后,新莱特乳业的部分债务压力可以得到解除,使其不仅可以获得利润的增加,还可通过 2 号厂的建设提高产能,而新莱特乳业利润的增加,也将为光明乳业带来一定的收益。由此,光明乳业与新莱特乳业逐步完成了财务方面的整合。

3.管理及人力方面的整合

首先是管理层整合,光明乳业充分尊重企业原有文化,在并购后只通过董事会参与制定公司战略,并不直接参与日常经营管理。光明乳业的披露信息显示,在并购后新莱特乳业的新董事会中共有七名董事,光明乳业占四个席位,董事长由新莱特乳业提名且必须是乳制品行业的独立专家。在光明乳业的四位董事中,一位作为沟通代表常驻新西兰,主要负责沟通协调,以加强光明乳业对企业的了解。这样的整合方式,使新莱特乳业的管理特色得到了最大程度的保留。其次是薪酬制度整合,光明乳业在并购后即对新莱特乳业的薪酬制度进行了调整,新莱特乳业原有的固定工资制度调整为基本工资加绩效工资考核模式,同时引入了新的员工奖励制度,由此对新莱特乳业的员工和管理层起到了激励作用。再次是内部运作及销售政策整合,光明乳业在并购后调整了新莱特乳业的产品质量监督指标,要求其一次成品合格率达到95%以上,以此来降低回炉成本。此外,光明乳业还为新莱特乳业争取到了相对独立的定价权,调整了销售政策,同时增加了销售人员。

4.技术与资源整合

通过光明乳业和新莱特乳业的整合,一方面新莱特乳业获得光明乳业的销售渠道和销售模式,光明乳业协助其实现战略目标;另一方面光明乳业获得新莱特乳业的研发技术与优质奶源,有利于其实现转型。并购后,新莱特乳业的注册商标 Synlait Limited 全部无偿转让给光明乳业,而该商标已经在新西兰、印度尼西亚、马来西亚、新加坡、泰国、韩国、越南、中国大陆和台湾地区注册。同时新莱特的专有技术包括高附加值奶粉配方及牛奶加工处理技术,也在并购后无偿转让给光明乳业。由此光明乳业获得了较好的技术资源,赢得了进入高端婴幼儿奶粉市场的切入点。整合完成后,光明乳业携手新莱特乳业研发的培儿贝瑞奶粉的成功上市,也表明光明乳业与新莱特乳业成功实现了技术与资源的整合。

2018 年 3 月 26 日,光明乳业发布 2017 年年报。公告显示,光明乳业实现营业总收入 216.72 亿元,同比上升 7.25%;实现净利润 8.18 亿元,同比上升 21.15%。光明乳业业绩增长的主要原因是,新西兰新莱特乳业给光明乳业带来了 41.84 亿元的营业收入。新莱特近年代工的品牌业绩都很好,比如 a2,其 2017 年在中国销售 40 亿元左右,所以,它直接推动了新莱特乳业业绩大幅增长,而新莱特乳业的增长也就带动了光明乳业业绩的增长。

综合来看,光明乳业收购新莱特乳业后盈利能力呈上升趋势,如表 4-3 所示。且收购后新莱特乳业在新西兰和澳大利亚的上市融资,推动了光明乳业管理和治理的国际化发展,扩大了国际影响力。新莱特乳业被收购后发展迅速,从最初的 50 多名员工发展到目前的 500 多名员工,已成为新西兰南岛规模最大的工厂。但从收购预期来看,此次收购将新莱特乳业的原装原灌新产品带到国内销售,由于品牌的影响力不够,导致国内民众对这个品牌和产品的认可度较低,加上进口奶粉在国内市场的快速发展,导致新莱特乳业的国内市场规模较之前的预期仍有一定差距。

表 4-3　2009—2013 年光明乳业盈利能力指标

指标名称	并购前	并购当年	并购后		
	2009 年	2010 年	2011 年	2012 年	2013 年
净资产收益率(%)	6.01	9.32	9.81	9.23	10.04
总资产报酬率(%)	3.60	5.04	4.76	4.78	5.02
销售净利润率(%)	1.62	2.38	2.30	2.43	2.91

资料来源:Wind

第四节　总结与建议

目前我国乳制品行业公司的并购主要是纵向并购,向上并购优质资源,向下并购优质产品。融资方式主要为非公开发行募集资金或成立产业并购基金。而伴随如火如荼的海外并购,一系列问题也随之涌现。首先,由于海外并购会涉及政府审批,时间具有一定的不确定性,可能导致双方无法在约定时间内完成相关流程而影响交易。例如,农业,特别是对外出口业,是新西兰经济的支柱,新西兰政府为了保证在重大项目和农业项目中的外国投资者能够符合规范、具有较高信用度,从而实施严格的监管审批制度。新西兰规定所有超过 1 亿新西兰元的项目以及对农村土地的投资都需要经过海外投资办公室的事先审批(OIO 模式)。其次,并购成功之后,如何通过高素质的管理团队有效地整合业务并最终获利,仍然是个难关。许多中国乳制品企业选择在并购后保留原有的管理团队,弥补自己所缺乏的本地运营经验,同时也会对自身管理团队进行相关培训,利于双方沟通顺畅和文化融合。

在经历了前几年的跨国并购高峰后,近两年国内乳制品企业"走出去"的步伐已逐渐减慢,除了正在逐步消化前几年的海外投资,也有其他因素,比如海外并购大部分都是采用自有资金,政府给予的扶持资金较少,附加条件多等原因。另外,虽然乳制品企业"走出去"的国际化战略方向是正确的,但也有一些企业面对当地的政治经济风险出现经营不善、投资业绩表现不好或者产品不适应国情而导致再次卖出的情况。

总体来说,由于我国乳制品企业短期内大幅提升产能的难度较大,长期来看收购海外乳制品企业的趋势不会变、数量还会继续上升、方式也会愈加灵活,但如何学习好海外乳制品企业的先进生产技术和管理经验、真正实现双方并购的协同效应,将决定海外并购是否能够从根本上推动中国乳制品产业的战略升级。

附录　中国乳制品企业主要海外并购项目列表

并购买方	并购标的	交易时间	交易金额	交易内容
光明乳业	新西兰新莱特乳业	2010 年 7 月	8200 万新西兰元（3.82 亿元人民币）	收购新莱特乳业 51% 股权；2013 年 7 月，新莱特乳业在新西兰上市，上市后光明乳业持有 39.12% 股权。
光明食品集团	西班牙米盖尔公司	2015 年 9 月	7900 万欧元	获西班牙第二大食品分销商米盖尔 72% 股权
	澳大利亚 PACTUM 乳业集团	2014 年 4 月	未公布	子公司光明乳业与澳大利亚 PACTUM 合作生产光明"优+"牛奶。
	以色列食品公司 Tnuva	2014 年 5 月	86 亿新谢克尔（约 25 亿美元、153 亿元人民币）	获以色列食品公司 Tnuva56% 股权。
澳优乳业	荷兰海普诺凯乳业集团（Hyproca）	2011 年 3 月	1600 万欧元（约 9040 万元人民币）	获荷兰乳制品企业海普诺凯乳业集团 51% 的股权，追加 5000 万欧元用于工厂技术改造，并于 2015 年收购余下的 49% 股权。
	荷兰 Farmel 乳业	2014 年 6 月	未公布	全资收购荷兰奶源公司 Farmel 乳业。
	澳大利亚 Dairy Park Pty Ltd	2017 年 5 月	3330 万澳元（约 1.7 亿元人民币）	全资收购澳大利亚乳品加工企业 Australian Dairy Park Pty Ltd。
	澳大利亚 Oz Farm Royal Pty Ltd	2017 年 5 月	1100 万澳元（约 5647 万元人民币）	获澳大利亚配方奶粉企业 Oz Farm Royal Pty Ltd 50% 的股权。
贝因美	新西兰达润工厂	2016 年 10 月	3.67 亿元人民币	收购恒天然澳大利亚有限公司下属生产中心达润工厂 51% 的股权。

续表

并购买方	并购标的	交易时间	交易金额	交易内容
伊利	新西兰 Oceania Dairy Limited	2013 年 8 月	未公布	新建新西兰乳业生产厂,产品以婴儿配方奶粉为主,并新建乳业生产基地。
伊利	美国 Dairy Farmers of America, Inc(DFA)	2014 年 11 月	3000 万美元(约 1.86 亿元人民币)	与美国最大的牛奶公司 DFA 合资在堪萨斯州建全美最大奶粉生产工厂,伊利占股 30%。
三元股份	法国 St Hubert	2017 年 7 月	6.25 亿欧元(约 49.39 亿元人民币)	获法国植物黄油生产商 StHubert49%的股权。

第 五 章

家居行业通过海外并购打造核心竞争力

在中国消费升级的浪潮下,家居行业的竞争愈发激烈。未来,大型家居制造企业将通过海外并购的方式进一步提升核心竞争力,而中小型家居制造企业的生存空间将逐渐缩小。在这一轮洗牌下,具备品牌力、产品优势和高效供应链管理的优质企业将脱颖而出。

第一节 我国家居制造业现状及未来趋势

2008 年金融危机后,随着房地产行业的低迷,家居行业也陷入低谷期。但是近几年,随着宏观经济逐渐回暖,数字时代来临,人们对住宅、居住环境的要求提高,也给传统家居制造业带来了机遇与转变。

一、我国家居制造业进入缓慢增长阶段

近年来,我国家居行业整体维持在 10% 左右的平稳增长,2017 年增速有所提升。2016 年规模以上家居制造企业实现收入 8779.6 亿元,同比增长 11.4%;2017 年 1—9 月家居制造企业实现收入 6747.7 亿元,同比增长 13.4%。2017 年家居行业增速较快,系受益于 2016 年地产销售小高峰的滞后影响。

家居行业属于房地产的下游行业,家居行业增速通常滞后于期房销售面积增速,地产后周期属性明显。通过对 2009 年以来的家居制造业同比增速和商品房销售面积同比增速的季度数据进行对比分析,显示商品房销售面积增速对家居行业增长的影响,通常滞后两到三个季度。

我国家居行业发展历程可归纳如下:

1985—2000 年:家居行业萌芽期。改革开放前后,我国家居制造业仍处于手工打制的阶段,质量较差且品类单一。20 世纪 90 年代后,中国的劳务市场吸引了大量外资家居企业在国内投资建厂,促进了我国家居生产技术工艺快速进步,迈入机械化和规模化的生产。同时期的美国、欧洲家居业生产能力强,已形成卓然有序的销售网络,保持着高消费和高出口的势头。

2000—2008 年:高速成长期。中国房地产行业的全面发展,给下游家居装修行业带来了巨大机遇,年均复合增长率高达 31%,而规模以上的家居制造企业数量也从 1500 家扩大到了 5386 家,主要分布在

广东、浙江、江苏、福建和上海等沿海地区。制造工艺上也有了很大改善。家居出口量也从 2002 年的 53.6 亿美元提高到了 2008 年的 262 亿美元,中国成为世界家居制造中心。

2009 年至今:从低谷期到新家居模式崛起。2008—2010 年为全球房地产行业较低迷的时期,使得家居企业陷入危机,2010—2011 年规模以上家居制造企业数量骤减 1679 家。

随着社会认知度不断提高,市场需求进一步释放,根据申万宏源的统计数据,定制家居上市公司基本维持 20% 以上增速。定制家居以其个性化设计、高空间利用率、美观时尚、环保节约等诸多优点,越来越受到当下主要消费群体的青睐。传统家居企业向定制家居转变,标准型产品向板式家居、定制化发展的趋势越来越明显。目前我国家居制造业已告别粗放式增长,迈入稳定增长阶段。

二、家居行业面临新的挑战和机遇

随着宏观经济逐渐回暖,数字时代来临,家居行业也迎来了新的挑战和机遇。

财富加速累积推进消费升级。2016 年我国人均可支配收入较 2009 年实现翻番,而社会消费品零售总额也翻了 2.5 倍,如图 5-1 所示。新兴中产和上层中产家庭的快速崛起,促使人们对住宅、居住环境的要求提高,也给传统家居制造业带来了机遇与转变。

人口结构改变带来新消费需求。现阶段,我国 25 岁到 32 岁人群数量依旧处于峰值,30 岁人口数量高达 1793 万,如图 5-2 所示。"80

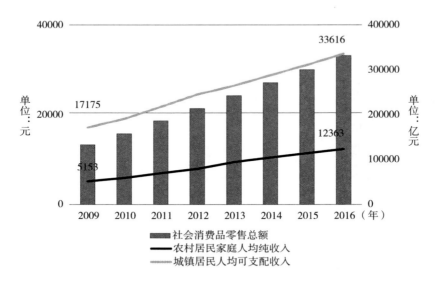

图 5-1　2009—2016 年社会消费品零售总额及人均可支配收入
资料来源：Wind、国家统计局

后 90 后"进入适婚年龄、消费能力逐步崛起,这一代消费者出生于中国的第三次生育高峰,将带来大量的家居消费需求。另外,25—30 岁的群体已经成为家居行业的主要消费者,如图 5-3 所示。这一群体自主消费意识强烈,对生活和产品更追求便捷、性价比、品质与个性化,对产品的个性化、品质化和服务有着高要求,将促使未来家居行业提升个性化定制服务,同时更加注重提升顾客体验。例如,一站式大家居购物潮流、定制化衣柜橱柜等。

电子商务模式、家居数字化、智能化兴起。网络购物与网上支付用户规模增长迅速,2016 年占整体互联网用户比例达到 63% 以上。家居企业可以利用科学技术收集海量碎片化的信息,实时跟进库存状态,提高供应链效率;同时为消费者在线提供优质的数字化体验,并分析偏好

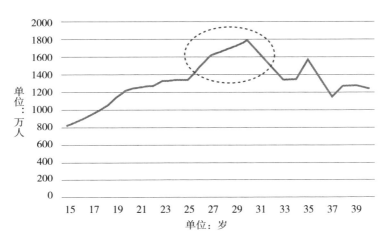

图 5-2　中国各年龄人口数量

资料来源：Wind、广发证券研究中心

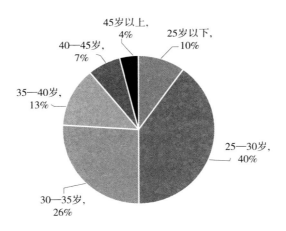

图 5-3　家居行业消费者年龄分布

资料来源：搜房网、广发证券研究中心

进行精准营销,加深渗透率及客户黏性。一些家居企业也积极创新,推出智能化产品紧跟未来发展潮流。

（一）家居子行业一：定制家居——行业空间广阔，龙头具备显著优势

受益于人均收入增长与小户型住宅占比提升，定制家居近年来增长迅速。一方面，我国人均消费性支出由 2002 年的 2965 元增长至 2017 年的 11931 元，年均复合增长率为 9.73%。作为目前家居产品主力的"80 后、90 后"消费群体，更倾向于购买符合自身偏好和诉求的定制化产品。定制家居可以按照客户需求进行量身定制的特点使其外观与功能都满足消费者的需求，符合我国个性化与定制化的消费升级特征。另一方面，受房地产行业近几年发展趋势影响，中小型房产需求逐步提高。截至 2017 年 7 月，全国 90 平方米以下住宅开发投资完成额比例已由 10 年前的 15.94% 提升至 30.99%，小户型住宅占比持续攀升，提高房屋空间使用率的需求逐渐成为家居产品的必备属性。

目前国内家居行业市场总规模约为 8780 亿元，定制家居渗透率为 20% 左右，对应市场容量近 1756 亿元。由于具备基本生产能力的定制家居生产设备价格不高，全国各地有大量小厂存在。以橱柜行业为例，一线品牌市场份额只占整体市场的 30%，70% 的市场份额被地方性品牌占领，行业前两名龙头企业市场份额分别为 5.12%、3.71%，行业集中度明显偏低。

目前定制家居主要分为两个品类：定制衣柜和定制橱柜。未来定制衣柜渗透率有望在 2020 年进一步提升至 50%，定制橱柜提升至约 58%，市场空间将翻番。部分龙头企业也可以从单一品类拓展为大家居销售模式,以单品口碑作为引流入口,推送全屋定制解决方案。定制家居的龙头企业将凭借强势品牌、优质服务和较高的性价比优势(通过柔性生产供应链提高效率并降低成本)继续提升市场占有率。

(二)家居子行业二:成品家居——集中度将提升;多品类+多品牌,双轮驱动提升利润

生产成品家居企业的特征一是行业集中度普遍较低但呈现上升趋势。成品家居中产品主要可分为沙发、床、床垫、软装、地板等。据米兰工业研究中心数据统计,我国2015年软体家居产量和消费量分别达到了317亿美元和192亿美元,其中家居类(衣柜、橱柜、沙发、床等)的行业集中度普遍较低,企业数量众多,部分类别的龙头企业品牌力较强(如生产沙发的顾家家居、制作地板的大亚圣象),而其他产品类别企业的品牌力还在逐步提升中(如生产床垫的喜临门等)。

成品家居企业的特征二是通过拓展品类和品牌来丰富产品线,以满足各类时尚需求并扩充主营业务。目前很多成品家居企业已从单品类向全屋解决方案或多品类家居供应商转变。例如,顾家家居于2013年开始自制床垫,提供全套软装家居;喜临门2017年收购米兰映像,引入高档意大利沙发,拓宽已有产品线;曲美家居效仿宜家销售模式,打造一站式家居购物体验等。

综上所述,供给端受制于房地产,急需新的驱动力保持行业的增速;需求端消费升级,消费群体主力发生改变,诉求也发生变化。辅以大数据、云计算等技术涌现,供给端和消费端都将推动家居业优化升级。

三、家居行业龙头企业整合趋势显现

国内家居行业起步较晚,使得市场竞争分散无序,虽然龙头企业目前市场占有率还不到1%,但整合趋势已初步显现。2013年至2017年前三季度,我国家居行业前10大上市公司市场占有率已从3.1%提升至5.1%,整合仍有很大空间,如图5-4所示。

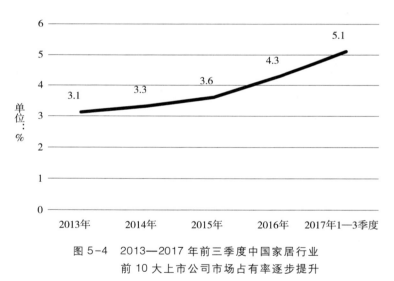

图5-4 2013—2017年前三季度中国家居行业
前10大上市公司市场占有率逐步提升

资料来源:Wind、国家统计局

判断未来行业整合加速主要有以下三点原因:

品牌认知度和影响力。面对目前家居行业中部分同类产品间定价差异小、消费者对产品价格敏感度高、产品质量不透明的情况,品牌即产品品质的保障,消费者更倾向于选择知名度高的品牌。大企业在产品品质、供应链、品牌力和宣传力上都显著优于小企业,小企业生存空间将持续受到挤压,未来龙头企业将强者恒强。

龙头企业通过采购优势、低生产成本以及优质经销商管理构筑较高壁垒,采取先发优势。家居行业整体增速放缓,使企业间的比拼更依靠精细化运营和管理能力,具体体现在三个方面:(1)在生产环节,大企业可通过原材料采购优势和生产自动化程度高来降低人工成本、提高生产效率和供应链效率;(2)在经销商环节,通过类直营化的模式实现精细化管理;(3)在服务环节,通过精细化每道环节以实现高效率、低出错率,为消费者提升性价比和服务体验。

把握流量入口优势,推送其他家居产品。龙头企业可以通过单品的品类口碑起到引流作用,根据消费者的户型和审美偏好,从单品类升级到产品组合(硬装+家居+软装整体方案)。对小企业而言,难点主要有:(1)产品线短缺,但多 SKU① 对供应链管理难度大;(2)终端整体家居销售难以实现,大公司可以运用科技增强用户体验感,小公司在技术上落后无法实现整体方案推送。

第二节　海外家居市场

海外家居市场大多已经形成较稳定的市场格局,行业集中度高。

---

①　SKU:Stock Keeping Unit(库存量单位),即库存进出计量的基本单元,可以是以件、盒、托盘等为单位。单品:对一种商品而言,当其品牌、型号、配置、等级、花色、包装容量、单位、生产日期、保质期、用途、价格、产地等属性中任一属性与其他商品存在不同时,可称为一个单品。

相比之下,国内家居市场仍十分分散,有很大的整合空间。而国外知名家居品牌开设大店、提供一站式购物的做法,也十分值得国内家居企业借鉴。

一、国外家居市场总量平稳,已从快速发展步入成熟缓慢增长的阶段

国外家居企业发展起步先于我国,快速增长期已过,龙头企业之间已形成较稳定的市场格局,行业集中度高。2015 年美国、日本、韩国家居行业零售额分别为 6848 亿元人民币、2000 亿元人民币、1121 亿元人民币,根据人口数量推算,发达国家人均家居消费额是我国的 3—4 倍,说明中国家居行业还有很大的发展空间,如表 5-1 所示。

表 5-1　我国家居行业人均消费额显著低于美、日、韩等发达国家

国家	2015 家居行业零售额（亿元人民币）	人口（亿）	人均消费额（元）	龙头企业	2015 收入（亿元人民币）	市场占有率估算(%)
日本	2000	1.3	1573	宜得利	240	12
美国	6848	3.2	2131	爱室丽	224	3.3
韩国	1121	0.5	2215	汉森	95	8.5
中国	7881	13.6	579	欧派家居	56	0.71

资料来源:Wind、彭博社

欧洲和日韩市场的龙头企业市场占有率一般都在 10% 左右,行业高度集中,竞争有序,如图 5-5 所示。受到一定地域性限制,美国的家

居龙头企业与中国企业类似,数量众多,但美国爱室丽的市场占有率仍超过 5%,2014 年美国家居行业前 10 大企业市场集中度约为 19.6%。相比之下国内家居市场仍十分分散,龙头企业(如索菲亚家居和欧派家居)市场占有率还不到 1%,意味着未来该行业仍有很大的整合空间。

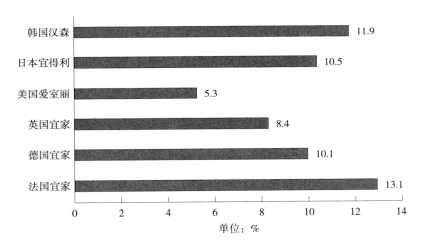

图 5-5 2014 年各国家居龙头企业市场占有率

资料来源:申万宏源

海外家居龙头企业的零售渠道更加广泛,在全球设立门店,并且通过加大品牌营销力度,使客户黏性增强,价格敏感性下降。而国内家居企业仍处于渠道下沉阶段,品牌辨别度低于国外品牌,客户群有待深耕。

家居行业海外龙头上市企业市值普遍大于国内企业。由于宏观经济增速放缓,家居行业"天花板"显现导致业绩增长缓慢,使得海外龙头上市企业的市盈率倍数只有 15—25 倍左右,而国内家居行业规模仍在不断扩充中,龙头企业的预期高增速赋予了其资本市场上的高估值,如表5-2所示。

表5-2 国内外家居行业龙头企业数据对比

龙头企业	营业利润率（%）		净资产收益率（%）		净利率（%）		权益乘数		总资产周转率（%）		市盈率（PE）2017年	市净率（PB）2017年	2014—2017年收入年均复合增长率（%）	2014—2017年净利润年均复合增长率（%）
	2016年	5年平均	2016年	5年平均	2016年	5年平均	2016年	5年平均	2016年	5年平均				
索菲亚家居	18.08	16.56	21.44	17.64	14.81	14.27	1.34	1.24	1.06	0.97	40	8.04	36.40	39.50
欧派家居	14.98	9.91	39.45	33.31	13.44	8.64	1.92	2.36	1.49	1.55	40	9.85	21.20	58.30
韩国汉森	8.25	7.82	26.12	25.83	6.59	6.19	1.66	1.74	2.32	2.35	28	6.42	19.40	16.40
日本宜得利	15.94	16.65	14.65	17.16	10.25	10.1	1.25	1.35	1.12	1.22	23	4.37	9.90	15.80
美国FBHS	12.69	9.37	17.17	10.28	8.29	5.82	2.17	1.83	1	0.95	21	3.93	12.40	20.60
美国家得宝	13.3	11.47	89.64	45.96	7.92	6.79	6.65	3.75	2.16	1.95	21	38.41	9.30	17.10

资料来源：Wind、彭博社

二、海外龙头企业通过并购扩大业务范围,从家居制造向零售转型

总结全球的家居行业龙头企业韩国汉森、宜家集团和日本宜得利,其成功有相似之处,亦有各自独家之道。共性主要有以下四点:(1)开

设大店,尽可能提供一站式购物。开设大店的优势在于:一是能更全面地展现公司旗下产品,扩大消费者选择空间,提升购物体验;二是大面积门店能完整地展现不同的家居布置风格和生活品位,符合家居产业未来的发展潮流,将出售家居的理念升级为出售家居生活方式。(2)构建高频消费,维系与消费者之间的连接。家居用品属于低频消费,一旦购物结束,品牌与消费者之间的联系将变弱或者断开。通过饰品、餐饮等高频消费的引入,有助于品牌与消费者持续建立连接,当低频消费需求再次出现之时,就能占据有利位置。(3)扩大客户覆盖面(价格、设计)。家居用品高端到中低端价格跨度较大,定位中高端消费人群的品牌往往发展到一定规模后将会遇到瓶颈。通过执行亲民价格,以及主推消费者接受程度较高的设计,有助于扩大客户覆盖面,从而进一步提升收入规模。(4)完善的供应链管理,降低成本。宜家通过全球布局的供应链体系和产品布局,对世界各个地区市场发展有深入了解,并能及时根据市场供需调整原材料和产品在各地区的分配以及订单量大小,尽可能使单位产品的销售成本达到最低。日本宜得利则拥有日本最大的物流中心,引入立体式自动仓库来提升运营效率。

以日本家居龙头企业宜得利为例,成功从单一耐用家居向新型家居零售转型,构建"产品+供应链+终端零售"全产业链服务为其核心竞争力。宜得利成立之初以床、柜等耐用家居为主,1972年实行战略转型加强家居装饰用品的开发,为消费者提供搭配协调的整体方案设计并匹配小件家居用品销售,使用户选择更丰富多样。在日本经济不景气期间,小型家庭和新生代消费者崛起,宜得利坚持拓展生产、物流、渠道和品类,以高性价比、品类齐全、设计时尚顺应了市场的发展需求,成功成为日本大家居零售行业的龙头。

我国家居龙头企业也正在沿此路径发展。例如,索菲亚家居在2014年携手法国司米进军定制橱柜行业,又于2017年与华鹤集团成立合资公司,公司从原有的衣柜单品成功增添了橱柜、木门等业务,向大家居模式转型。

第三节　家居企业海外并购案例分析

一、美克家居多次与国外家居企业进行战略合作及兼并收购,从家居制造向品牌零售转型

美克家居成立于1995年8月,初期主要从事国外家居的代工生产。2002年实施战略转型,通过与美国最大的家居零售商伊森艾伦环球公司合作,引进其国际先进连锁经营管理模式,同时在全国各大、中型城市开设了近30家连锁店,创建全国性家居连锁零售网络,实现了从制造商向品牌零售商转型。

2008年金融危机后,2009年美克家居趁势以894万美元的价格抄底收购了美国从事软体家居和实木家居设计、供应和销售,并在美国业界享有盛誉的施纳迪克家居公司包括品牌在内的相关资产。施纳迪克家居公司拥有56年的历史,致力于提供时尚而优雅的高品位家居产品,美克家居原本是施纳迪克家居公司的生产商之一。此次收购使美

克家居拥有施纳迪克家居公司全部的生产订单,并结合其几十年的品牌声誉,扩展了北美地区、南美地区、中东地区和亚洲的销售渠道;同时,美克家居沙发业务相对薄弱,而施纳迪克家居公司在此业务上的优势正好弥补了美克家居的短板,通过学习施纳迪克家居公司的技术工艺,进一步提升了美克家居的核心竞争力。

美克家居还于 2010 年收购了美国 A.R.T.家居公司。A.R.T.家居公司在被美克家居全资收购前,双方互为合作关系,有一定了解且具备默契性,这为收购奠定了良好的基础。另外,以制造出身的美克家居拥有强大的制造能力,A.R.T.家居公司的加入为美克家居带来了对纯正美式家居设计理念的理解以及海外营销的经验,并完成了公司针对不同客户群体的三个价格梯度的产品布局:高端美克美家品牌、中端 A.R.T.品牌和中低端的 Zest 品牌,如图 5-6 所示。

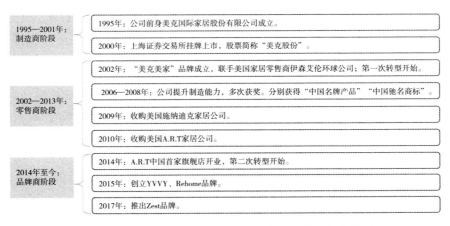

1995—2001年: 制造商阶段	1995年: 公司前身美克国际家居股份有限公司成立。
	2000年: 上海证券交易所挂牌上市, 股票简称"美克股份"。
2002—2013年: 零售商阶段	2002年: "美克美家"品牌成立, 联手美国家居零售商伊森艾伦环球公司; 第一次转型开始。
	2006—2008年: 公司提升制造能力, 多次获奖。分别获得"中国名牌产品""中国驰名商标"。
	2009年: 收购美国施纳迪克家居公司。
	2010年: 收购美国A.R.T家居公司。
2014年至今: 品牌商阶段	2014年: A.R.T中国首家旗舰店开业、第二次转型开始。
	2015年: 创立YVVY、Rehome品牌。
	2017年: 推出Zest品牌。

图 5-6　美克家居发展历程:从制造商向品牌零售商转型

资料来源:公司公告

二、敏华控股收购 Home Group

敏华控股是国内第一大的功能沙发生产商,旗下主打真皮及仿真皮美式功能沙发,销售遍布北美地区、欧洲、中国内地和香港地区。公司于 2016 年以不超过 5069.3 万欧元(约 4.16 亿港元)的价格认购了英国家居生产商 Home Group 50% 的股权。Home Group 一直在东欧地区从事软垫家居生产,目前在乌克兰、爱沙尼亚、立陶宛(两家)和波兰共经营五家工厂,销售主要面向西欧地区著名家居公司,包括欧洲宜家、Steinhoff 及 XXXL 集团等。

此次收购为敏华控股带来多方面的协同效应,主要有:

(1)拓宽产品品类。Home Group 旗下的 Fleming 北欧宜家家居品牌主打北欧风格的静态布艺沙发,产品设计时尚且性价比高,与敏华控股主打的皮类功能沙发产品定位不同,能够帮助其打入国内年轻一代的市场,弥补其之前的品类单一这一弱势,对已有的产品线形成有力互补。

(2)拓宽欧洲渠道。Home Group 在西欧地区拥有丰富的渠道资源,销售网点超过 1200 家。受欧洲经济低迷影响,自 2014 年起敏华控股在欧洲的收入逐年下滑,如图 5-7 所示,对 Home Group 的收购可以帮助敏华控股深挖欧洲潜在客户,进一步推广功能沙发的销售。

(3)双方在采购、生产及运营上形成协同效应。一方面,敏华控股拥有低成本海绵资源,并且在印花布料及辅料上具备大批量采购优势,可以帮助 Home Group 降低生产成本；另一方面，通过充分利用 Home Group 丰富的乌克兰木材资源，敏华控股可以整合供应链，降低公司在中国及欧洲的木材成本。同时，敏华控股也可以利用其充沛的现金流帮助 Home Group 降低财务成本。

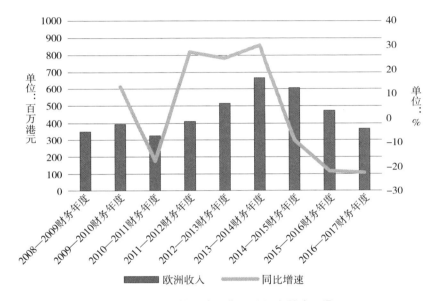

图 5-7　敏华控股欧洲收入受经济影响下滑

资料来源：公司公告

第四节　总结与建议

我国家居企业已经过了前些年"跑马圈地"的时期，随着宏观经济增速放缓，家居行业也从放量式增长迈入精细化运营管理。随着人工成本上升、原材料成本波动以及环保政策趋严，中小型家居制造企业的盈利能力将受到影响,生存空间逐渐缩小。大型家居制造企业具备雄厚的资金实力,有机会通过并购整合国内的中小企业或者海外公司,从而进一步提升核心竞争力。未来具备品牌力、产品优势、高效供应链和渠道管理的优质企业将脱颖而出。

一、从代工制造向终端零售转型,增添产品附加值

美克家居早年以代工制造发家,通过向品牌零售商转型,盈利能力大幅改善。公司从 2002 年开始布局转型后,向美国伊森艾伦环球公司学习零售模式上的经验,并于 2009 年和 2010 年分别收购了施纳迪克家居公司和 A.R.T.家居公司,现已推出了美克美家、A.R.T.、Zest、Re-home、YVVY 等多个品牌。2014 年 8 月公司宣布逐步停止 OEM 业务。公司自 2002 年以来,毛利率从 23% 大幅提升至 2016 年的 58%,从中得出消费者对优质品牌的产品予以高溢价空间的结论。而类似美克家居以 OEM 业务起步的公司还有很多,例如,敏华控股早年以为美国家居商代工生产功能沙发业务为主,现将业务中心转至发展中国自主品牌;喜临门于 2017 年底收购了意大利高档沙发品牌夏图,完善了高端产品的空缺,并且通过密集投放营销活动来促进销量,提升品牌知名度。

二、通过兼并收购布局海外,或与国外知名企业合作弥补竞争短板

宜华木业 2016 年通过收购新加坡品牌华达利,获取其在欧洲、北

美及亚太地区的优质销售渠道,进一步拓展海内外销售网络。此次收购使宜华木业有效地融入国际市场,通过前向资源整合,完善了产业链。部分国内家居企业通过与海外龙头企业达成战略合作,扩展在华业务。顾家家居 2012 年与 La-Z-Boy 签署战略合作协议,成为其在国内的独家经销商,从而进军功能沙发市场,增添业绩增长点。

三、国外家居龙头企业由多品类、宽渠道支撑大规模

国外家居零售更注重通过一站式购买服务来提升用户的服务体验,大卖场更容易受到消费者的青睐,例如宜家、宜得利、家得宝等公司。而我国家居龙头企业也顺应潮流推出全屋整体解决方案,如索菲亚家居、欧派家居、尚品宅配等,从单一品类橱柜或衣柜定制拓展成为全屋定制模式,为消费者提供多元化的家居产品,同时积极拓展渠道建设,上述三家公司已分别拥有门店 2955 家、5925 家和 1442 家。从事家居零售的曲美家居也打造类似宜家的场景营销模式,在一二线城市设立超过 1000 平方米的"你+生活馆",为消费者提供中高端产品的一站式购物体验,在三四五线城市设立"居+生活馆",通过高性价比来吸引中低端客户群。

附录 我国家居企业主要海外并购项目列表

并购买方	并购标的	交易时间	交易金额	交易内容
宜华木业	新加坡华达利	2016 年 9 月	4 亿新加坡元（约 18.3 亿元人民币）	公司通过全资子公司理想家居全资收购新加坡上市公司全球皮革沙发制造及运营商华达利。
敏华控股	英国 Home Group Ltd.	2016 年 11 月	5069 万欧元	公司获欧洲知名软体家居生产商 Home Group 50% 股权。
美克家居	美国施纳迪克家居公司	2009 年 1 月	894 万美元	公司全资收购美国施纳迪克家居公司净营运资产及相应债务。
美克家居	美国 A.R.T.家居公司	2011 年 3 月	未公布	公司全资收购美国家居公司 A.R.T。

第 六 章

教育行业海外并购初露尖角

　　教育作为刚性需求,随着我国人均收入的稳步增长,家庭对教育的需求将越发旺盛和多元,未来教育服务支出仍将持续性增加。而国内早幼教、留学、互联网教育等增长较快、收益较高的领域,可以通过海外并购、合作,与国外市场协同并进。

第一节　我国教育市场分析

　　按照年龄从小到大分段,我国目前已形成了多层次、多形式、学科门类齐全的教育体系,如图 6-1 所示,总体可分为以下四个阶段:学前教育、K12 教育、高等教育、职业教育。学前教育(3—6 岁)主要针对在智力发展基础阶段的儿童,覆盖范围包括托儿所、幼儿园、早教中心等;K12教育(7—18岁)主要对象为从小学到高中的在校学生,教育核心内容为通过基础学科(语数外理化等)的培训,提高学生在校考试和中、高考的成绩;成人教育(18岁以上)主要以民办高校为主的高等教育,还有留学、考研等;职业教育主要包含考证、技能培训和就业后再培训。根据腾讯教育和中国统计年鉴的数据,2016年中国教育市场总规模超过7.5万亿元,其中政府的财政性教育经费约2.9万亿元,社会的教育固定资产投资约0.8万亿元,城镇和农村的家庭教育支出分别约3.1万亿元和0.7万亿元。2017年我国教育市场总规模约9万亿元,2015—2017年复合增长率为12.2%。

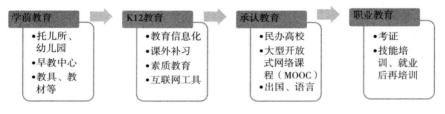

图6-1　教育行业按年龄分为四个阶段

资料来源:申万宏源

　　根据德勤咨询统计,2016年国内教育市场并购总额超过126亿元,单笔交易额平均为6.9亿元,是2015年3.55亿元的近两倍,其中有关教育信息化并购金额高达50亿元。2017年上半年并购总金额达89.24亿元,为2016年同期的3.62倍。同时,2016年教育类企业资产证券化数量大幅度增长,2017年上半年新增教育类企业资产证券化数量达64家(包括新三板市场和海外市场),创10年新高。

　　需要指出的是,民办教育培训机构在我国经过三十多年变迁,目前已呈现多元化、互联网化的趋势。如图6-2所示,民办教育机构已大面积渗透教育市场,涵盖了从幼教到职业教育(0—24岁)所有细分领域,其中幼教、K12教育、教育信息化受资本介入最多。民办教育机构发展可大致分为三个阶段:第一阶段(1990—2000年),随着改革开放,政府大力支持留学培训发展,国内职业培训也在同时发展;第二阶段(2000—2010年),生活水平提高,家长对教育重视程度提高,K12课外培训行业开始崛起;第三阶段(2010年至今),教育行业不断受到政策扶持,科技进步开拓教育渠道和方向,"互联网+教育"浪潮掀起,不同类型教育机构并行。

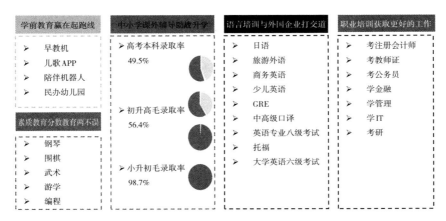

图6-2　民办教育机构已渗透教育市场各细分领域

资料来源:艾瑞咨询;《2017教育白皮书》;申万宏源

一、学龄前的早幼教

学前教育是指对0—6岁儿童发展施以有目的、有计划、有系统的影响活动。教育部颁布的《幼儿园工作规程》指出幼儿园是对三周岁以上学龄前幼儿实施保育和教育的机构,是学校教育制度的基础阶段。托儿所可算在保育范畴,早教中心、幼儿园属于学前教育。

学前教育可再细分为四个类别:幼儿园/早教机构、儿童图书企业、提供课程和学习材料企业和软件服务企业。其中,在学前教育市场中机构数量最多的为幼儿园,幼儿园又分为公立幼儿园和民办幼儿园,民办幼儿园主要采取直营或加盟的商业模式。

新出生人口数量增加和入园率提升是行业发展的驱动因素。2015年至2017年毛入园率为75%、77%和80%,如图6-3所示,毛入园率稳步上升。根据《2017—2020年实施第三期学前教育行动计划》,到2020年,全国学前教育毛入园率将达到85%,普惠性幼儿园覆盖率达到80%左右。因此,为达到此目标,未来幼教行业将持续成为国家教育规划的重点。同时,中国幼儿园毛入园率较世界发达国家依旧偏低。人数方面,我国已全面实施二孩政策,虽然新出生人口低于之前预期,但仍然比此前的新生人口数量有所回升。

在园人数不断提高,教师资源略显匮乏。2016年中国幼儿学生约4414万人,全国幼儿园所有教职工人数约382万人,教职工与学生比例高达1∶12,如表6-1所示,幼儿园师生比例逐年提高,师资严重缺失。近年来,随着社会进步,家长教育意识不断增强,幼儿园入园率逐年提高,学生人数不断增加,但是教师人数却没有同比例增加,导致幼教行业普惠性资源供给不足,教师数量严重短缺。

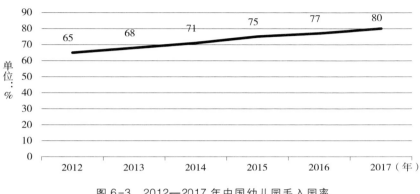

图 6-3　2012—2017 年中国幼儿园毛入园率

资料来源：中国产业信息网、申万宏源

表 6-1　2012—2016 年幼儿园师生比例对比

年　　份	幼儿园在园人数（万）	幼儿园教职工数（万）	教职工与学生比率
2012	3686	249	1：15
2013	3895	283	1：13
2014	4051	314	1：13
2015	4265	349	1：12
2016	4414	382	1：12

资料来源：Wind、申万宏源

　　民办幼儿园是幼教市场主力军，政府鼓励民办幼儿园扩张。幼儿园分为公立幼儿园和民办幼儿园两种：公立幼儿园以单园形式存在，民办幼儿园以单园+连锁形式存在。2013—2015 年，民办幼儿园在幼教市场占比不断提高，分别为 67%、66% 和 72%；同时民办幼儿园在校生人数也远超公立幼儿园。由于公立幼儿园资源有限，同时受制于管理、资金等问题，目前民办幼儿园已成为幼教市场主要力量。2017 年 9 月出台的《关于深化教育体制机制改革的意见》，提出要大力发展不同形式办园,解决入园难、入园贵的问题,支持民办幼儿园提供面向大众、收费合理、质量合格的普惠性服务。

目前测算我国学前教育市场规模(只计算 3—6 岁的幼儿园,包括公立幼儿园和民办幼儿园)超过 3000 亿元。随着 2016 年"二孩政策"实施,对新生儿数量有所刺激。虽然整体数量低于预期(2016 年和 2017 年中国出生人口分别为 1786 万人和 1723 万人),预计未来政府还会陆续出台刺激生育的政策。按规模=学生人数×入园率×平均费用计算,2017 年,我国幼教行业规模达 3381 亿元,预计到 2020 年将达 5000 亿元左右,保持年均 10%左右的增长,如图 6-4 所示。

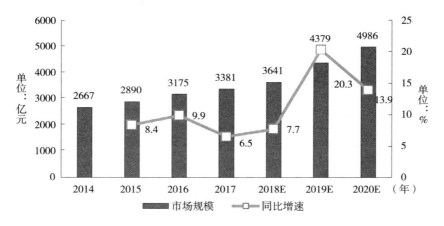

图 6-4　学前教育市场规模和同比增速

资料来源:申万宏源

幼教行业集中度极低,竞争格局高度分散。根据教育部统计,截至 2016 年底,国内共有 23.98 万所幼儿园,其中民办幼儿园 14 万所。威创股份是行业内市场份额最大的公司,旗下红缨教育和金色摇篮幼儿园近 4100 家,市场占有率为 3.27%。我国幼教行业前七大企业集中度极低,合计目前仅约6700家幼儿园,市场份额低于5%,并没有真正的行业龙头企业产生,如表6-2所示。近年来,幼教行业受到资本市场追捧,并购和上市较多,除了表6-2列出的比较大的幼教机构外,小红帽幼儿园、北京可儿幼儿园也纷纷与上市公司合作。

表6-2　幼教市场行业前六企业市场集中度(CR7)概况

企业名称	上市情况	2017财务年度营业收入	幼儿园数量(家)	市场占比(%)
威创股份	A股上市	4.79亿元	60(直营/合办)+4922(加盟)	1.96
金色摇篮	威创股份收购	1.98亿元	22(直营)+近600(加盟)	0.24
红缨教育	威创股份收购	2.62亿元	6(直营)+4388(加盟)	1.72
北京博苑	—	—	近1000	0.39
大风车	—	—	600	0.24
红黄蓝	美股上市	1.41亿美元	85(直营)+210(加盟)	0.12
大地幼儿园	—	—	近300	0.12

资料来源:根据公开资料整理

另外,早教机构则主要是针对0—3岁的幼儿,均为民办,大多通过与商业地产融合的业态存在。早教市场的特点是进入门槛低、缺乏相关规范、租金和人力为主要成本。目前代表性早教机构有金宝贝、美吉姆、东方爱婴、爱乐等。

二、K12课外辅导:以升学考试为目的的培训机构

K12教育阶段分为全日制学校、K12课外辅导(定义为以升学提分为目的的培训)两大类。"K12"中的"K"代表Kindergarten(幼儿园),

"12"代表 12 年级(相当于我国的高三)。在中国的教育制度下,K12 代表着从小学到高中的基础教育。

根据 Frost & Suvllian 的报告,2016 年我国 K12 课外辅导规模约为 4147 亿元,2012 年至 2016 年年均复合增长率为 12.9%。2017 年市场规模约 4500 亿元左右,预计 2022 年将增长到 7398 亿元,2016 年至 2022 年间的年均复合增长率为 10.13%。

K12 课外辅导市场主要由渗透率以及客单价的提升驱动。市场规模由 K12 学生数、渗透率以及客单价决定,学生数受过去 12 年新生儿的出生数决定,渗透率主要由城镇化率以及家长的付费需求驱动,客单价由可支配收入为基准,并受报班数量和续班率的影响。其中,渗透率和客单价均有提升空间。

K12 人口规模未来五年将保持稳定。受到国家计划生育政策、城市化率提高、国人平均受教育水平提高等因素的影响,2000 年以来,我国人口出生率总体呈下降趋势。2013 年、2016 年国家先后实施单独二孩与全面二孩政策,但是根据 2015 年与 2017 年的数据显示,政策效应只是释放了原有生育需求,但无法提高普遍生育意愿,所以政策实施的第二年人口出生率反而有所回落。我们预计未来几年 K12 教育阶段人口规模不会有大幅度的增长,基本保持稳定,如图 6-5 所示。

城镇化进程与教育资源稀缺驱动渗透率不断提高。目前教辅市场主要集中在城镇,而我国城镇化率不断攀升,2017 年达到 57.35%,并将继续增长。同时,优质教育资源稀缺,且"80 后"父母普遍焦虑,也将驱动 K12 课外辅导渗透率的上升。根据 Frost & Suvllian 数据,目前一线城市与非一线城市的课外辅导渗透率差距较大,分别为 61.7% 与

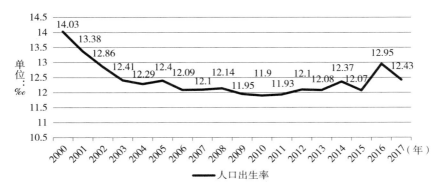

图 6-5 出生率触底后有所回升,缓慢传导至 K12 教育阶段

资料来源:国家统计局

25.2%。参照与我国教育文化以及竞争水平相似的韩国,课外辅导渗透率为 55%—89%,由此预计我国课外辅导市场未来也有较大的成长空间。

家长支付意愿与支付能力有望提升客单价。国家统计局数据显示,目前我国居民人均可支配收入逐年增加,2017 年已经达到 25973.8 元。居民人均消费中,教育、文化和娱乐支出及其占总的人均消费支出的比重逐年提高,2017 年分别达到 2086 元和 11.4%。Frost & Suvllian 统计数据显示,2016 年全国家庭平均在 K12 阶段的教育投入为 7500 元,一线城市远高于平均水平,如上海为 17700 元。

一线城市市场供给趋于饱和,二线城市增长稳定,三四线城市供不应求。考虑到一线城市培训需求量较大,教育消费水平较高,许多 K12 教育机构都着力于布局一二线城市。现今,一线城市教育机构数量已经趋于饱和,行业前 10 名 K12 培训机构在一线城市平均布局比例在 50%以上,二线城市平均比例为 28%,而三线及以下城市平均比例仅为

17%,如图6-6所示。行业前10大培训机构一线城市的布局力度明显大幅高于二三四线城市。

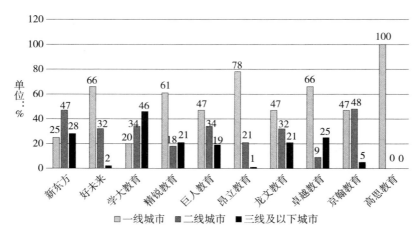

图6-6 行业前10大培训机构在市场份额对比图

资料来源:国家统计局、申万宏源

K12教育行业的"非标准化"特点和"预付费模式"导致市场竞争格局高度分散。K12教育市场一直处于完全竞争状态,2017年整个K12教育市场规模约为4500亿元,行业前10大企业(新东方、好未来、学大教育、精锐教育、卓越教育、昂立教育、龙文教育、京翰教育、巨人教育、高思教育)最近披露的营业收入总和约为276.9亿元,市场占有率6.15%,整个行业处于高度分散的状态。由于K12教育是一个非标准化行业,区域性K12教育机构都只针对自己省份城市的考试和教材研究,并且开设区域性针对课程,从而导致了区域性K12教育机构难以向全国扩张。K12教育机构普遍采用"预付费的模式",并且因为K12教育行业入门成本较低,所以课外培训机构普遍现金流状况良好,在发展初期并不会有现金流的问题。

表 6-3　K12 课外辅导板块行业前 10 大企业概况

机构名称	上市情况	营业收入	净利润	覆盖地域	教学点数量（个）	在校学生
新东方（K12 业务）	美股上市	18 亿美元（2017 财经年度）	2.77 亿美元	75 个城市	855	86 万人
好未来	美股上市	11 亿美元（2017 财经年度）	1.12 亿美元	36 个城市	568	394 万人
学大教育	已从美股退市	26 亿元（2016 年）	0.79 亿元	100 多个城市	630	—
精锐教育	美股上市	21 亿元（2017 年）	2.43 亿元	57 个城市	150	—
卓越教育	—	10 亿元（2016 年）	—	华南地区（7 个城市）	150 多	40 余万人
昂立教育	新南洋并购	10.6 亿元（2017 年）	0.86 亿元	华东地区（上海、江苏、浙江）	125	—
龙文教育	勤上股份并购	7 亿元（2017 年）	6642 万元	20 多个城市	632	34023 人
京翰教育	—	7 亿元（2014 年）	−0.45 亿元	20 多个城市	100 多	—
巨人教育	—	6 亿元（2015 年）	—	30 多个城市	600 多	20 余万人
高思教育	新三板上市	2.65 亿元（2017 年上半年）	0.53 亿元	北京	20	—

资料来源：根据公开资料整理

　　K12 课外辅导监管加强，政策环境有利于大型品牌机构。如图 6-7 所示，2017 年行业前 10 培训机构市场占有率约为 6.15%，K12 课

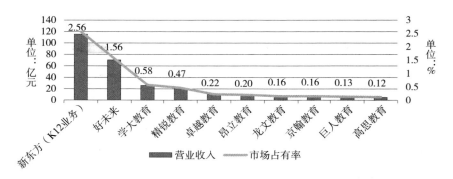

图 6-7 2017 年行业前 10 大培训机构市场占有率

资料来源：公司公告、申万宏源

外辅导市场集中度不高。但是近几年上海、成都、西安、广州多地教育部门动作频出，出台多部管理办法规范课外辅导机构，对无牌照经营的中小机构压力较大，目前政策环境对大型品牌机构更有利。

2018 年 2 月 22 日，教育部办公厅、民政部办公厅、人力资源社会保障部办公厅、工商总局办公厅四部门联合印发《关于切实减轻中小学生课外负担开展校外培训机构专项治理行动的通知》（以下简称《通知》）。《通知》符合产业预期，小微培训机构受冲击较大，大型机构受影响较小，培训行业整体的市场份额有望逐步向全国性龙头企业和区域巨头公司集中。

培训行业需求旺盛有四大原因：历史传承、家庭重视、资源稀缺、考试为纲。（1）历史传承：东亚地区数千年文化自古以来就对教育非常重视，在任何社会和国家，名校教育经历依然是完成社会阶级跃迁的重要路径；（2）家庭重视：家庭收入水平和"80 后、90 后"家长受教育水平持续提升之后，家长对于子女教育的重视度也持续大幅提升；（3）资源稀缺:重点城市初高中名校资源稀缺,对于优质生源争夺是所有初高中名校的核心要义,所以部分校外培训机构与名校组织中小学生等级考试及竞赛,将校外培训机构培训结果与中小学校招生入学进行挂钩;(4)考试为纲:中国教育体系仍然是以高考为核心的"一考定终身"的独木桥形式,高考和中考升学压力自上而下给家长和学生带来极大的焦虑感。

《通知》自上而下实施之后,"小升初"择校相关的培训或将降温,但历史传承、家庭重视、资源稀缺、考试为纲四大要素仍不会发生本质性的改变。在小升初相关培训方面,《教育部 2018 年工作要点》提出,"深化义务教育免试就近入学制度,进一步治理'择校热'。进一步建立以居住证为主要依据的随迁子女义务教育阶段入学政策,优化简化随迁子女入学程序"。在中小学的其他培训方面,中高考提分、英语学习、语文学习、数学学习、素质教育学习等领域的培训需求依然是强刚需。

未来,培训行业集中度有望向全国性龙头企业和区域巨头公司集中。未取得办学许可证和营业执照的小微培训机构,未来发展将会受到极大的制约。目前众多大型的培训机构,大部分都做到了办学许可证和营业执照的"双证齐全"。在小微培训机构的关停浪潮中,大型机构有望深度受益于市场份额的提升。

三、K12 民办学校,留学升学考试等

除课外辅导以外,在 K12 阶段,民办教育可大致分为三类:民办私

立学校、国际学校（只招收外籍学生），以及辅助延伸的留学升学考试培训。根据 Frost & Sullivan 研究显示，2015 年中国所有阶段民办教育行业总规模达 2879 亿元，2017 年约 3500 亿元左右，预计到 2020 年将增长至 4948 亿元，2015—2020 年的年均复合增长率为 11.4%。其中，2015 年民办 K12 教育总收入为 1842 亿元，预计 2020 年将增长至 3255 亿元，2015—2020 年的年均复合增长率为 12.1%。同时，教育需求多元化促进民办私立学校近年来加速发展。2016 年民办学校总计 17.1 万所，在校人数 4825.5 万人；同时，K12 阶段民办教育渗透率也在不断提升，2016 年小学、中学、高中的渗透率分别为 7.63%、12.23%、12.22%，如图 6-8 所示。

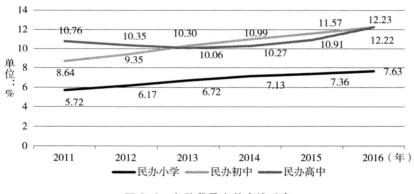

图 6-8　各阶段民办教育渗透率

资料来源：教育部

　　国际学校/民办双语学校为 K12 全日制学校的代表，可分三类：公立学校国际部、外籍人员子弟学校、民办双语学校。根据新学说国际教育传媒发布的《2017 中国国际学校发展报告》统计，截至 2017 年 10 月，我国共有国际学校 734 所，其中外籍人员子女学校 126 所，平均在校生 600 人;民办国际学校 367 所,平均在校生 1000 人;公立学校国际部 241 所,校均 200 名学生。2017 年外籍人员子女学校、民办国际学校和公立学校国际部在校生人数分别为 7.32 万人、32.1 万人和 4.36 万人,合计在校生 43.78 万人,相比 2015 年增长 18.13%,如表 6-4 所示。

表 6-4　2017 年民办国际学校在行业中占主流

	公立学校国际部	外籍人员子女学校	民办国际学校
数量(所)	241	126	367
在校生人数(万)	4.36	7.32	32.1

资料来源:申万宏源

　　公办教育资源有限,社会教育需求多元化,两者催动民办教育大力发展。首先,由于资金有限,公办教育资源主要集中于经济发达的一线城市,其余城市缺少优质公办资源;其次,随着社会科技进步,学生和家长对于教育的需求多样化,民办教育比公办教育拥有更大的自主性,可自行调节课程内容和教学方式,以满足不同需求。这两个重要因素促进了民办教育的加速发展。

　　K12 阶段的人口数量开始逐步回升。此前 K12 阶段的学生不断下降,从 2015 年开始小学在校生企稳回升,也将逐步传导至初高中,如表 6-5 所示。

表 6-5　2004—2016 年 K12 人数从谷底逐步上升

年　份	小学在校生(百万)	初中在校生(百万)	高中在校生(百万)
2004	116.3	65.8	36.5
2005	111.7	62.7	40.3

年　份	小学在校生（百万）	初中在校生（百万）	高中在校生（百万）
2006	109.8	60.1	43.4
2007	107.9	57.9	45.3
2008	105.7	56.3	45.8
2009	102.8	54.9	46.2
2010	101.4	53.4	46.7
2011	100.9	51.2	46.9
2012	98.6	48.3	46
2013	94.8	44.9	43.7
2014	95.7	44.3	41.7
2015	97.9	43.5	40.4
2016	100	43.6	39.7

资料来源：国家教育统计年鉴、申万宏源

　　由于公立学校非商业化故不做市场规模计算，而是以在校生人数和民办学校的规模作为度量。K12教育阶段学校的集中度比幼儿园更低，因为单个学校占地大、耗资大，同一品牌下的连锁学校数量也较少（几十所学校的量级），集中度相较幼儿园市场更低。

　　截至2016年，K12教育阶段民办小学数量为5975所，民办初中5086所，民办高中4902所，如表6-6所示。估计整体市场规模在千亿元人民币左右。

表6-6　2004—2016年K12教育阶段民办学校数量

年　份	民办高中数量（所）	民办初中数量（所）	民办小学数量（所）
2004	4586	4243	6047
2005	5192	4633	6242

续表

年　份	民办高中数量（所）	民办初中数量（所）	民办小学数量（所）
2006	5805	4561	6161
2007	6059	4488	5798
2008	6147	4415	5760
2009	5868	4335	5496
2010	5622	4259	5351
2011	5250	4282	5186
2012	5020	4333	5213
2013	4857	4535	5407
2014	4785	4744	5681
2015	4810	4876	5859
2016	4902	5086	5975

资料来源：国家教育统计年鉴、申万宏源

　　国际教育行业的市场规模统计见表 6-7。

表 6-7　2012—2020 年国际教育行业市场规模

年　份	规模（亿元）	增速（％）
2012	160	
2013	180	12.5
2014	220	22.2
2015	250	13.6
2016	290	16.0
2017	330	13.8
2018	360	9.1
2019E	400	11.1
2020E	440	10.0

资料来源：Frost & Sullivan

以四家港股民办教育公司成实外教育、睿见教育、宇华教育、枫叶教育和两家美股公司博实乐教育和海亮教育为例,这六家公司目前都在稳定发展的基础上逐步扩展。其中成实外教育扎根西南地区,睿见教育布局华南三省,海亮教育在华东地区发展,而枫叶教育、博实乐教育与宇华教育向全国布局。宇华教育包括幼儿园、中小学到大学的产业链布局。

根据 2017 年公司的最新财务报告,营业收入规模最大的是博实乐教育,2017 年总营业收入为 13.28 亿元;其次是以国际学校业务为主的枫叶教育,2017 年营业收入为 10.83 亿元;睿见教育、海亮教育、宇华教育和成实外教育营业收入规模非常接近,分别为 9.79 亿元、8.53 亿元、8.46 亿元和 9.53 亿元。

从这些数据来看,K12 教育阶段民办学校市场集中度比较低。上述六家公司旗下学校数量都在几所到几十所,与近 15000 家 K12 教育阶段民办学校的总规模相比甚微。同时,从总招生数量来看,每一家公司的总招生人数也只占 K12 教育阶段总体学生数量极小的一部分,这六家公司招生人数之和只有 K12 教育阶段总招生人数的 0.119%,因此行业内并没有真正的龙头企业出现。

另外,就读于国际学校/民办双语学校的学生,一般都会在初中、高中、本科阶段选择出国留学,所以托福、雅思、SAT、GRE、GMAT 等留学升学考试几乎成为必选项。据留学服务行业协会统计,中国目前已成为世界上第一大留学生输出国,2017 年出国留学人数高达 60.84 万。2016年,出国语言培训行业规模为 82.92 亿元,其中新东方、新航道、环球雅思为前三大语言培训供应方,市场占比合计约 40%,如表 6-8 所示。

表 6-8　出国语言培训机构机概况

机构名称	上市情况	营业收入	市场占比（％）
新东方	美股上市	18 亿美元（2017 财经年度）	26.30
新航道	—	—	3.70
环球雅思	已从美股退市	6 亿元（2016 年）	7.24

资料来源：Frost & Suvllian、根据公开资料整理

据智研咨询报告显示，2017 年出国留学中介市场规模约为 80 亿元，行业内以启德、新东方前途、金吉列、澳际、新通等为代表，正处在要依靠不断挖掘增值服务和提升客单价增长的阶段。

四、素质教育

素质教育自 20 世纪 80 年代被提出以来，一直是教育的核心领域。素质教育是指一种以提高受教育者诸方面素质为目标的教育模式。它重视人的思想道德素质、能力培养、个性发展、身体健康和心理健康教育。

素质教育通常可分为研学（游学）、科学创新、体育健康、生活素养、艺术教育、少儿英语六大类，如图 6-9 所示。其中，游学、少儿英语、科学创新、艺术教育四个领域目前已有大量资本介入，近几年处于高速发展阶段。

（一）游学

智研咨询发布的《2017—2022 年中国留学生教育行业运营态势及

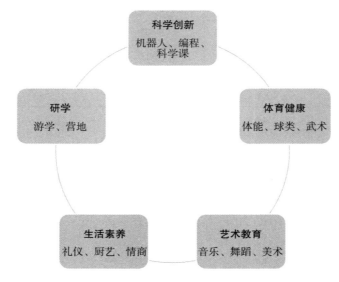

图 6-9　素质教育版图

资料来源：申万宏源

发展趋势研究报告》显示，我国游学市场 2017 年市场规模为 219 亿元，
参与人次达到 350 万，其中国际游学已达 275 万人次，其余为国内游学
人次。由于 2013 年至 2016 年全国 K12 教育阶段人口稳定在 1.82 亿
人至 1.83 亿人，2017 年为 1.85 亿人，以此估算游学的市场覆盖率仅
0.02%，未来可提升空间巨大。研学是指研究性、探究式、体验式学习，
是从学生兴趣角度出发，在教师指导下，选择学生喜欢的研究专题，然
后通过参与主动获取知识，并且培养解决问题的能力。游学行业活动
类型广泛：教育旅游、户外活动、亲子体验、修学旅行、营地体验、社会实
践等系列活动。游学行业可分为学期内游学和学期外游学。学期内游
学主要是指由学校承办，组织学生在国内休学旅行，时间为 0—5 天不
等。学期外游学主要形式为夏、冬令营，承办机构种类较多（语言培训

机构、专业游学机构、旅行社等），以国际游学为主。

国家政策不断扶持，带动游学行业快速增长。2016 年 12 月，教育部等 11 个部门发文《关于推进中小学生研学旅行的意见》，提出将研学旅行纳入中小学教育教学计划、加强研学旅行基地建设、规范研学旅行组织管理等任务推动游学行业快速发展。伴随政策红利，如表 6-9 所示，各类游学产品不断创新，除了游学欧美国家之外，国内营地类游学产品也成为热门项目。

表 6-9　游学行业相关政策

时　间	政　策	内　容
2014 年 3 月	《关于进一步做好中小学生研学旅行试点工作的通知》	研学旅行是面向全体中小学生，由学校组织安排，以培养中小学生的生活技能、集体观念、创新精神和实践能力为目标，通过集体旅行、集中食宿的方式开展的一种普及性教育活动，是全面推进素质教育的重要途径，是基础教育课程体系中综合实践活动课程的重要组成部分。重点突出全员参与、集体活动、走出校园、实践体验。
2016 年 12 月	《关于推进中小学生研学旅行的意见》	提出将研学旅行纳入中小学教育教学计划、加强研学旅行基地建设、规范研学旅行组织管理、健全经费筹措机制、建立安全责任体系等任务来支持游学行业的发展。
2017 年 1 月	《国家教育事业发展"十三五"规划》	鼓励有条件的地区开展中小学生研学旅行和各种形式的夏令营、冬令营活动；建设一批具有良好示范带动作用的研学旅游基地和目的地。

资料来源：申万宏源

游学市场组织者类型较多，市场竞争格局分散。游学活动组织者可分为体制内机构和体制外机构：体制内机构主要是一些政府性非营利组织；体制外机构主要是以留学机构、培训机构、专业游学机构和个别旅行社四类为主。目前,学校、留学机构、培训机构三类机构借助专业化优势,在该领域所占比重较大。近年来,随着游学质量需求不断提升和监管政策不断收紧,以世纪明德和新东方沃凯德为首的专业游学机构发展迅速,未来市场集中度将提升。

新东方沃凯德主营游学,依托新东方,导流率高,了解学生需求,但新东方财务报告中未披露其游学业务业绩情况。新三板共有三家公司经营游学业务,产品标准化程度高,游学板块体量最大的是世纪明德和乐旅股份,主营国内游学,2017 年游学营业收入分别为 5. 19 亿元与1. 86 亿元;乐旅股份主营旅行社传统业务,目前也覆盖游学业务。另外知鸿国旅和卓教国际拟挂牌新三板上市。龙头游学机构概况如表6-10 所示。

表 6-10　龙头游学机构概况

机构名称	上市情况	主营业务	业务模式	2017 年游学业务营业收入（亿元）	市场占有率（%）
世纪明德	新三板上市	游学	以 B2B2C 为主	5. 19	1. 89
新东方沃凯德	新东方旗下,美股上市	教育教学	以 B2C 为主	—	—
乐旅股份	新三板上市	旅行社	以 B2B2C 为主	1. 86	0. 44
中凯国际	新三板上市	游学	以 B2C 为主	0. 55	3. 33
知鸿国旅	拟挂牌新三板	旅行社	以 B2C 为主	0. 46	0. 28
卓教国际	拟挂牌新三板	旅行社	以 B2C 为主	0. 45	0. 22

资料来源:根据公开资料整理

（二）科学创新

科学创新教育主要包括机器人、编程、设计制作、模型制作等课程，以科学、技术、工程和数学领域课程为核心，锻炼学生逻辑思维能力，从而培养其综合素养。科学创新教育涵盖的内容比较散。同时，加强科学创新教育是国家教育规划的重点目标，教育部 2017 年 2 月发布《义务教育小学科学课程标准》，新标准中强调了加强科学教育，未来，将科学课程（如编程、机器人等课程）纳入义务教育阶段，成为中小学必修课之一。

以最具代表性的机器人教育为例，根据中国产业信息网数据，2016 年我国市场规模约 100 亿—200 亿元，预计未来规模可达 300 亿元。

由于商业模式迥异，教育机构品牌复杂，目前该市场竞争格局分散，处于百家争鸣阶段，如表 6-11 所示。乐创教育招股书显示，目前国内约有 7000 多家机器人教育机构，400 多个品牌，品牌来自不同国家和地区：中国内地和香港地区、德国、韩国等。同时，机构普遍以单店形式存在，鲜有机构形成规模化扩张。在区域分布方面，很多机构都围绕幼儿园为中心布局，少数机构在商业中心布局。目前有品牌价值且规模较大的（拥有 30 家以上分校区）公司不足 15 家，拥有 70 家以上分校区的公司不足 5 家。

商业模式有以下五种：一是形成线下培训体系（直营）收学费，并具备器材销售体系；二是线下直营+加盟形式，收取加盟费及课程使用费，并销售器材；三是线下合作办学形式，不收加盟费，收取课程使用费和器材费用；四是具有互联网结构（在线教育或电子商务模式），收取课程费,或不收课程费而收器材费;五是 O2O 模式(既有线下门店,又有线上课程服务)。

表 6-11　机器人教育代表公司一览

机构名称	上市情况	主营业务	营业收入（亿元）	教学点数量（家）	模　式
西觅亚教育	—	机器人教育	—	20（直营）+80（加盟）	教具销售与加盟费
乐博乐博	盛通股份收购,A股上市	机器人教育	1.83（2017财经年度）	63（直营）+115（加盟）	课程培训费用、教具销售、加盟费
邦宝益智	A股上市	益智玩具	3.31（2017财经年度）	—	积木玩具与婴幼儿玩具
寓乐湾	—	3D打印,机器人教育	0.5（2016财经年度）	—	线上认知教育+线下技术探究
鲨鱼公园	—	科普教育	0.1（2015年）	6（直营）+50（加盟）	线上为主,面向家庭
乐创教育	新三板上市	机器人教育	0.1	9（直营）+79（加盟）	线上线下结合

资料来源:根据公开资料整理

（三）艺术教育

随着"80后、90后"陆续成为父母,素质教育理念和艺术培养更加普及,追求多才多艺已蔚然成风。一方面体现在对于多元才艺的追求,强调全方位教育以及艺术教育的培育,进行性格培养与气质熏陶;另一方面在于各种教育投资和教育培训机会。这主要是伴随着收入提升以及各类职业教育培训机会的涌现。据智研咨询统计,我国艺术培训市场规模已从 2008 年的 64 亿元不断提升至 2015 年的 462 亿元,年均复合增长率为 32.62%。预计 2018 年整体艺术培训市场规模将超过 800 亿元,其中音乐教育与美术教育的市场占比高。以 2014 年为例,音乐教育培训的市场规模为 114 亿元,美术教育培训的市场规模为 110 亿元,分别占当年艺术教育市场的 28.5% 和 26.5%。目前该领域尚没有独立的上市公司和被并购公司。

(四)少儿英语培训

少儿英语培训市场也称初级 ELT(English Language Teaching,英语语言教学)市场,主要覆盖的年龄段为 3—6 岁的儿童。据 Frost & Sullivan 研究显示,2016 年我国少儿英语总市场规模在 852 亿元,年均复合增长率为 23%,2021 年预计增长到 2398 亿元。从 Frost & Sullivan 数据来看,未来中国 3—6 岁少儿英语培训市场的增长预计最快,从 2016 年的 186 亿元扩大到 2021 年的 628 亿元,年均复合增长率到 27.6%。7—12 岁少儿英语培训市场目前在少儿英语培训中市场份额最大,预计将从 2016 年的 450 亿元增长到 2021 年的 1253 亿元,年均复合增长率为 22.7%。13—18 岁的英语培训市场主要为中学及以上学生提供英语培训。该板块预计将从 2016 年的 216 亿元增长到 2021 年的 517 亿元,年均复合增长率为 19.1%。另外,研究显示,每年课程费用在 1.6 万元以上的高端机构增长将超过少儿英语培训市场的总体水平,预计将从 2016 年的 81 亿元增加到 2021 年的 228 亿元,年均复合增长率为 23%。

目前少儿英语培训市场处于高度分散状态。据 Frost & Sullivan 数据显示,我国十大少儿英语培训公司在 2016 年的总收入只占到 6.7%的市场份额,而营业收入前三名的公司分别为英孚少儿、泡泡少儿和瑞思英语,合计只占有 3.6% 的市场份额,且没有一家公司的市场占有率超过 1.5%,因此并没有真正的龙头企业,如表 6-12 所示。

表 6-12　少儿英语教育龙头企业概况

机构名称	上市情况	营业收入(亿元)	学习中心数量(家)
英孚少儿	未上市	—	226(直营+加盟)
泡泡少儿	新东方旗下,美股上市	22(2017 财经年度)	未披露,集团共有 899 家学习中心
瑞思英语	美股上市	9.7(2017 年)	58(直营)+201(加盟)

资料来源:根据公开资料整理、瑞思英语招股说明书

(五)高等学历教育

高等教育包括大学(包括本科、硕士研究生、博士研究生)、独立设置的学院、高等专科学校、高等职业学校,也包括相关的网络学院、函授班、夜校等。从升学考试角度,相关的有普通高等教育、成人高等教育、高等教育自学考试、研究生入学考试等。公办的高等教育非市场化运营,本书只统计民办高等教育机构。

高等学历教育按照学校类型可分为普通大学(本科+研究生)和专科教育。公立部分不纳入计算,民办部分可做市场化统计。如图 6-10所示,据教育部统计,近年来,民办学校在高等学历教育领域占比基本稳定,2017 年全国高等教育学校 2914 所(普通高等学校 2631 所,成人高等学校 283 所),其中民办高等教育学校 735 所,占比 25.22%。2015

年中国民办高等教育行业规模为 926 亿元,较 2011 年的 646 亿元,年
均复合增长率约为 9.4%。根据申万宏源的统计数据,2017 年规模约
为 1150 亿元,预计至 2020 年将突破 1500 亿元。

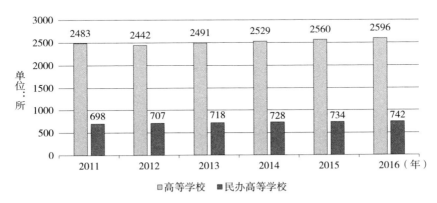

图 6-10　2011—2016 年民办高等教育学校占比稳定在 28% 左右

资料来源:教育部

同时,民办高等教育渗透率和在校生人数逐年提升。据 Frost &
Sullivan 报告,从 2011 年至 2016 年,中国民办高等教育在校人数总数
增长了 120 万人,2016 年在校人数为 630 万人,年均复合增长率约为
4.9%,如图 6-11 所示。预计至 2020 年,在校人数总数将高达 870 万。
同时,2016 年民办教育渗透率为 23%,预计至 2020 年为 27.2%,如图
6-12 所示。

根据艾瑞深中国校友会网发布的《校友会 2018 中国民办大学排行
榜 150 强》①,前 10 名的民办大学分别为武昌首义学院、文华学院、山

---

　①　艾瑞深中国校友会网:《校友会 2018 中国民办大学排行榜 150 强,武昌首义
学院第一》,见 http://www.cuaa.net/paihang/news/news.jsp? information_id=134371。

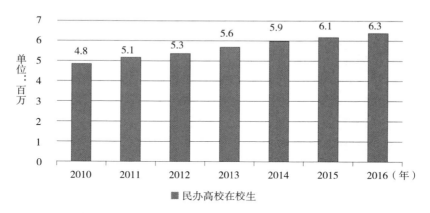

图 6-11　2010—2016 年民办高校在校生人数

资料来源：Wind、申万宏源

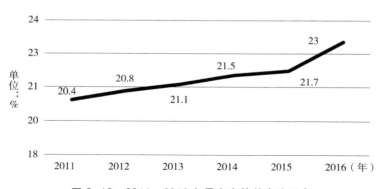

图 6-12　2011—2016 年民办高等教育渗透率

资料来源：Wind、申万宏源

东英才学院、西安欧亚学院、三亚学院、山东协和学院、郑州工商学院、武汉学院、西安培华学院与吉林华侨外国语学院。

　　目前有四家提供高等学历教育的公司已在港股上市，分别为成实外教育、宇华教育、民生教育以及新高教集团。

表6-13　港股上市民办教育公司情况

公司名称	上市情况	覆盖地域	旗下高校数（所）	总招生人数（人）	学生人数占比（%）
成实外教育	港股上市	中国西南地区	1	14667	0.24
宇华教育	港股上市	河南省	1	27770	0.45
民生教育	港股上市	重庆市、内蒙古自治区	4	32515	0.53
新高教集团	港股上市	湖北省、黑龙江省、新疆维吾尔自治区、云南省、贵州省及河南省	6	46460	0.75

资料来源:各公司2016年年报

从学校数量与招生人数来看,规模最大的是新高教集团,其次是民生教育集团。从财务报告可以看出,民办高校80%的收入来源于学杂费,因此各学校的招生规模和平均学费决定了它们的营业收入规模。从营业收入规模来看,新高教集团与民生教育也是目前港股上市公司中排名最靠前的两家公司。从表6-13来看,四家港股上市民办高等教育公司的市场份额之和仅为1.97%,并且彼此间招生人数差距小,市场处于高度分散的状态。目前监管部门已经基本不批准新建民办本科类院校,因此现有民办本科学校的牌照成为稀缺资源。在这种情况下,预计民办高等教育企业数量基本不会增长,行业龙头企业将积极地通过收购进行全国布局,因此行业集中度将进一步提升。

（六）非学历职业教育

职业教育是指受教育者实施可从事某种职业或生产劳动所必需的

职业知识、技能和职业道德的教育,主要可分为学历教育和非学历教育。学历教育主要是指有国家认可学历的初等、中等、高等职业学校教育;非学历教育是指按照职业或劳动岗位对劳动者的要求,以提高职业技能为目的的短期非学历性教育,包括企业培训、技能培训(财务、管理、公务员考试、医务等),如图6-13所示。

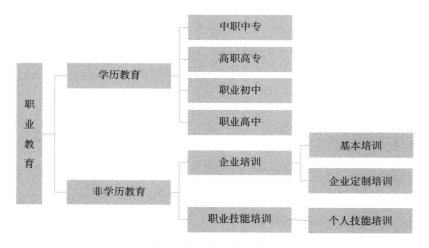

图6-13 职业教育分类

资料来源:申万宏源

2016年我国职业教育市场规模约为5300亿元,其中学历教育和非学历教育的市场规模分别约3700亿元和1600亿元,2017年整体突破6000亿元。按照"学生人数×各类教育平均学费"计算,至2020年,行业规模约为8500亿元,年均复合增长率为9.77%,如图6-14所示。其中,学生人数按照《现代职业教育体系规划(2014—2020)》要求,至2020年,学历职业教育人数将达0.38亿人,非学历教育将达3.5亿人推算;学费按照行业平均学费计算。

图 6-14　2014—2020 年我国职业教育市场规模及同比增速

资料来源：申万宏源

在非学历职业教育中，IT 教育、公务员培训、金融财会培训位列前三，如图 6-15 所示。

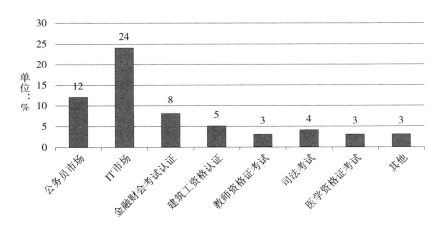

图 6-15　非学历职业教育中，IT 教育拔得头筹

资料来源：申万宏源

1. IT 教育

由于人才需求与供给的不匹配，IT 类职业技能培训行业规模从 2006 年的 179 亿元增长至 2017 年的 359 亿元，年均复合增长率为

19.8%,大空间高成长精选 IT 技能培训有望充分受益。

　　IT 教育行业处于高速发展时期,进入门槛较低,企业竞争激烈,市场集中度偏低。光大证券研究认为 IT 教育行业呈"一超多强"格局,龙头企业达内科技财务报告显示,截至 2017 年 12 月 31 日,达内科技经营 184 家学习中心,2017 年招生总数为 138356 人,净营业收入 19.74 亿元,市场占有率为 5.5%。千讯咨询 2017 年数据显示,IT 教育行业市场份额前两名的达内科技与北大青鸟的市场份额合计不超过 10%。除了上述两家全国范围经营的知名品牌培训机构,还有相当数量的区域性经营机构,如千锋教育、重庆足下等,如表 6-14 所示。预计未来 IT 教育行业将呈现优胜劣汰的发展趋势,市场份额将进一步集中。

表 6-14　IT 职业培训龙头企业概况

公司名称	上市情况	营业收入	学习中心数量(家)	招生人数(人)
达内科技	美股上市	19.74 亿元(2017 财经年度)	146	138356
北大青鸟	—	—	200 多	—
千锋教育	—	—	14	5000
翡翠教育	文化长城并购	2.92 亿元(2016 年)	62	—
火星时代	百洋股份收购	2016 年收入 4.07 亿元,2017 年 8—12 月收入 2.3 亿元	13	10000 多

资料来源:千讯咨询、文化长城财务报告、百洋股份重组预案

　　2.公务员培训

　　目前,我国公务员考试主要分为三类:中央、国家机关公务员考试,地方省市机关公务员考试,选调生(大学生村官,"三支一扶"人员)以

及其他公务员考试。公务员考试走过十年黄金热,整体招录人数不断增加,参考人数趋于稳定,未来几年不会出现大幅度变化。智研咨询结合参培人数和人均费用,测算目前公务员考试培训行业整体市场规模近 68 亿元左右。其中,中央、国家机关公务员考试市场规模为 16 亿元,地方省市机关公务员考试市场规模为 49 亿元,选调生及其他公务员考试市场规模为 3 亿元。如果考虑事业单位考试(即广义公务员考试培训行业),市场总规模为 74 亿元。预计至 2021 年公务员考试培训行业规模将达到 174 亿元,2017—2021 年的年均复合增长率将达到 18%。

公务员考试培训领域的市场集中度较高,竞争格局稳定。据公开数据统计,2017 年华图教育、中公教育占据了公务员考试培训 80% 以上的市场份额,形成了双寡头格局,具有较强定价能力。华图教育拥有 500 多个教学点,2013 年参培规模首次超过 30 万人,2015 年营业收入 13.2 亿元、净利润 2.1 亿元,2016 年营业收入 19 亿元。中公教育目前有 582 家学习中心,招生人数过百万人,营业收入规模略高于华图教育。2017 年,中公教育市场份额为 54%,华图教育市场份额为 30%,其余 16% 的市场份额主要为一些区域性培训机构。三个因素主要导致了行业的高度集中:(1)公务员考试科目简单,标准化程度高,易于复制扩张;(2)目标人群为高校大学生和部分在职人员,生源集中;(3)培训机构靠口碑传播,而大学生更愿意分享,推动了马太效应。

3.财会金融培训

金融财务类工作对专业技能要求较高,涵盖了十几种重要的资格认证考试:注册会计师考试(CPA)、特许金融分析师(CFA)、国际注册会计师(ACCA)等。由于财会类岗位具有较高的专业技能特性,同时随着行业的不断发展,对具有复合财会能力的人才需求持续增加,加之国家取消会计从业资格证书有望把人们的考证需求转移到技能培训需求上。

目前财会金融培训机构众多,区域性特征明显,竞争较为分散。相对领先的企业有中华会计网校、东奥会计在线、中公会计、嗨学网、高顿财经、恒企教育等。授课模式以线上或线上加线下为主。据已上市的行业龙头企业恒企教育财务报告显示,截至 2017 年 6 月 30 日,恒企教育累计招生 5.6 万人,已在全国 20 个省及直辖市、150 多个城市开办近 300 个学习网点,其中自营校区占 87.35%、加盟校区占 12.65%。2017 年 3 月至 12 月恒企教育实现净利润 1.19 亿元。智研咨询认为,未来市场增长潜力巨大,优质企业将进一步扩大市场份额。

(七)互联网教育平台

在线教育是一种基于互联网的学习行为,利用 PC、智能手机等移动设备和高速带宽与互联网技术,提高学习效率,打破传统学习时间和空间的限制。互联网在线教育主要可分为五类:高等教育、职业教育、K12 教育、企业 E-learning、学前教育。其中,高等教育、职业教育、K12 教育市场占比位列前三,占据在线教育市场整体的 86.5%,分别为 26.4%、31.1%、29%,如图 6-16 所示。

据艾瑞咨询统计,2017 年在线教育总规模达到 2002.6 亿元,同比增长 27.9%;在线教育用户规模达到 9001 万人,同比增长 23%。行业一共发生 303 笔投融资案例,投融资总额约 155 亿元。预计 2018 年在

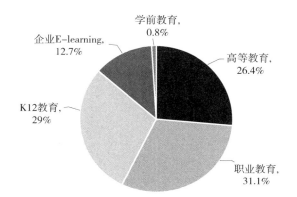

图 6-16　2016 年在线教育市场,高等教育市场占比最高

资料来源:艾瑞咨询、申万宏源

线教育市场规模将突破 2500 亿元,保持每年 20%以上增长,在线用户
规模将达 1.3 亿人,如图 6-17 所示。

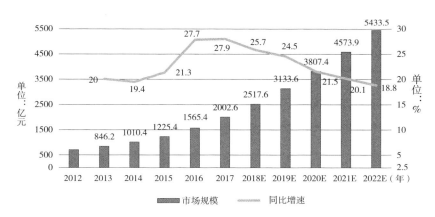

图 6-17　2012—2022 年在线教育市场规模及同比增速

资料来源:艾瑞咨询、申万宏源

　　互联网教育在我国起源较早,如图 6-18 所示,其发展历程大致可
分为三个阶段:第一阶段,从 20 世纪 90 年代初开始,远程教育平台逐

渐兴起,但由于硬件较差,局限了教学内容和用户体验,所以反响并不理想;第二阶段 2000 年至 2014 年,互联网泡沫破裂导致在线教育重创,在此阶段开始复苏,2010 年在线教育投资热潮开始,高等教育、语言培训、职业教育成为在线教育市场主力;第三阶段为 2016 年至今,教育已成为社会焦点问题,大量资本涌入教育市场,同时科技热潮带动在线教育市场加速发展,行业龙头企业初步显现。

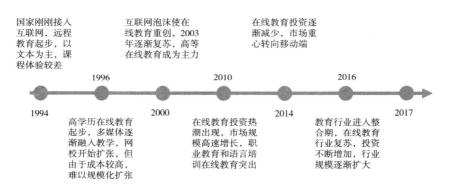

图 6-18　互联网教育发展历程

资料来源:艾瑞咨询、申万宏源

近年来互联网教育迅速崛起,相比线下教育主要有三大核心优势:突破时间和空间限制,在线教育满足了用户可以随时随地学习和利用碎片化时间学习的需求;对于机构而言,在线教育可减少运营成本(如场地租金等);同时可以突破培训机构由于优秀师资缺少而难以向全国规模化扩张的难点。

商业模式和线下教育的区别和适用性。我国互联网教育主要有三种教育模式:第一,消费者到企业(C2B)和企业到用户(B2C),这两种模式主要由互联网教育机构提供平台,匹配学生与教师,51Talk 是这种模式的代表；第二，线上到线下（O2O）模式，强调线上与线下的融合，在线学习网络资源、线下课堂听课，好未来以及新东方都在通过"双师课堂"应用这种模式；第三，移动互联信息交互，主要指通过互联网平台让用户进行在线分享，家长帮是这种模式的代表。

目前最为成熟的应用领域为职业教育（考证），其次是英语培训（少儿英语尤其显著）、早幼教等，在这两个领域已经有大公司阶段性胜出，如美股上市公司正保远程、51Talk，以及一级市场的明星公司VIPKID、VIP360、凯叔讲故事等。虽然目前市场集中度较低，但是预计未来几年市场将出现优胜劣汰的趋势，一些大公司的市场份额将进一步上升。

已上市的两家美股公司中，专注于职业培训的正保远程教育2017财经年度课程总人数为340万人，占在线教育用户总人数的3.78%；主营英语培训的51Talk 2016年活跃用户为163.2万人，占在线教育用户总人数的1.81%。两家公司中，51Talk的营业收入略高于正保远程，2016年达8.69亿元人民币，而正保远程2017年的营业收入为1.31亿美元。

学前在线教育的用户具有需要监督管理、频繁沟通交流的特殊性，因此受到互联网技术限制学前教育市场份额不会出现太大变化；而独立自主性更强，对时间地域敏感的中小学用户与职业在线教育用户则更加适合采用在线教育的形式，可以预计，未来中小学在线教育与职业在线教育将会成为市场的主体。2016年以来，以VIPKID、哒哒英语、51Talk青少儿英语等为代表的线上品牌英语培训机构迅速占领市场，新东方、学而思等传统线下机构也都纷纷布局，在线少儿英语培训市场呈激烈竞争态势。

在线教育细分市场中,中小学在线教育增速最大。2016 年中小学在线教育的用户规模已经超过高等学历在线教育,2017 年超过职业在线教育。中小学在线教育和职业在线教育将成为市场主体。

艾瑞咨询认为,随着在线教育技术的不断发展与成熟,资本和创业公司快速进入中小学在线教育领域,但由于用户年龄的特殊性,用户消费习惯还需要培养,盈利周期较长。职业教育用户的自主学习意识及付费意识强,这部分人群将被市场持续争夺。其中,一二线城市因为经济水平较高、父母教育观念较先进、互联网科技较发达等原因成为在线少儿英语教育的主导消费区域,未来三四线城市发展空间较大。在致力于"提升自我"的职业教育领域,用户投入的年均花费为 11610 元,而在针对自己的下一代的投入方面,用户在孩子 K12 教育上平均年投入金额为 17252 元,一二线城市成为主力,一线城市的支出水平显著高于二线城市。

(八)教育信息化

教育信息化平台及软件包括考试系统、电子教室、学科工具等众多类别。传统上,作为一个以 ToG(to government,对政府)为主要模式的行业,最终采购者通常为政府部门。智研咨询通过政府经费预算和对各个学校建立采购模型,测算出 2017 年教育信息化的市场规模约 1600 亿元。

千亿级的市场规模、广阔的发展前景和较低的进入门槛,造成了行业参与者众多的现状。但是由于行业的地域性特征明显,所涉及的教育信息化硬件、软件及服务的种类繁多,绝大多数参与公司规模较小,普遍存在研发投资少、技术含量较低、产品适应性不强等问题,而且跨区域的市场推广能力较弱,单个公司发展瓶颈较为明显。因此教育信息化行业的集中度很低,没有出现较大规模的,提供综合教育信息化产品的企业作为行业的领军企业。

　　表 6-15 汇总了教育信息化相关上市企业的营业收入情况和市场占比情况。营业收入规模最大的科大讯飞 2017 财经年度收入 15.1 亿元,旗下智学网已在全国 32 个省级行政区超过 1 万所学校使用,受益师生超过 1500 万人,是中国智能化程度最高、产品体系最全、应用效果最显著的教育大数据采集与分析及个性化教与学平台,但市场占有率不足 1%。

表 6-15　教育信息化公司概况

公司名称	上市情况	主营业务	2017 年教育板块营业收入(亿元)	市场占比(%)
科大讯飞	A 股上市	软件和信息技术、教育教学	15.1	0.79
全通教育	创业板上市	继续教育、家校互动、Edsaas 业务	10.31	0.54
立思辰	创业板上市	教育产品、内容(安全)管理	12.01	0.63
拓维信息	A 股上市	软件及信息技术	7.97	0.42
天喻信息	创业板上市	软件及信息技术	0.91	0.1
汇冠股份	创业板上市	智能教育装备	5.79	0.3

资料来源:各公司 2017 年度财务报告

五、未来教育行业发展空间巨大

　　短期来看,政策红利和资本助力。海量社会资本涌入教育产业,培训产业率先受益。在《民办教育促进法》已颁布实施的背景下,随着 2018 年各省市配套政策的逐步出台,民办教育行业的非学历培训行业有望率先受益。中期来看,与科技的深度融合。随着人工智能(AI)、移动互联网、虚拟现实(VR)等技术的逐步发展,未来最大的教育企业很有可能是拥有在线教育业务的线下机构。未来"AI+教育"的深度融合主要体现在能够全过程搜集和分析学生的学习数据,最后给学生推荐个性化的学习方案,使得因材施教和以学生为中心成为可能。长期来看,巨大海量的人口基数和持续提升的教育开支。教育作为刚性需求,随着我国人均收入的稳步增长,家庭对教育的需求将越发旺盛和多元,未来教育服务支出仍将大幅增加。

第二节　海外教育对标公司

随着我国居民对教育的需求越发旺盛和多元化,国内教育企业的服务水平亟待提升。通过研究以下几家典型的海外教育企业,我们认为精准的市场定位、优质的教育资源和超高的性价比等战略特点都是目前国内教育企业升级、发展的方向,有极大的借鉴意义。

一、BH

BH 是一家提供儿童全方位早教、幼儿托管保育和教育咨询服务的学龄前教育机构。BH 旨在帮助在职人员——尤其是在职女性取得工作和家庭之间的平衡。BH 创办于 1986 年,1998 年曾在美国纳斯达克上市,2008 年被贝恩资本旗下的投资基金收购并退市。2013 年,BH 成功在纽约证券交易所上市。BH 主要业务集中在北美地区,并在英国、荷兰、印度等国家设有早教服务中心。

全面的服务体验和产品体系。BH 提供的服务主要包含三种:第一种是基于服务中心的全面托儿服务,包括了传统的托儿服务、学前教育和小学教育;第二种是后续保育服务,包括在服务中心提供保育服务和到家保育服务,以及轻度病症儿童的保育服务和针对成人的护理服务;第三种是其他教育咨询服务,包括大学生入学申请咨询等服务。

零售服务中心与企业型服务中心并重的经营模式。BH 设立的服务中心分为两类:一类是以零售业务为主的服务中心,主要以地区为单位,接受个人客户;另一类是以企业为单位的服务中心,这类中心与企业签订长期合作合约,旨在作为员工福利的一部分,为公司内部的全职员工提供幼儿托管和早教服务。

与企业合作建立的服务中心是公司最为核心的业务和利润来源。企业通常会自行出资在企业附近建设服务中心,并出资对其进行维护和修缮。员工只需要向 BH 支付一定的服务费用便可以享受便捷的幼儿全托服务。截至 2017 年年底,BH 共与 1100 多家公司保持长期合作关系,其中包括 150 多家世界 500 强企业。这种经营模式让 BH 节约了大量的前期投入成本,并以更低的价格提供服务,进而吸引更多的客户。

客户拓展与交叉销售并进的双头发展战略。一方面,据 BH 估计,在 BH 现有客户所涉及的产业范围中,英美两国总共约有 13000 家潜在的企业客户群体,每家企业员工数量至少在 1000 名以上,BH 正致力于挖掘这些潜在的客户群体,设立新的服务中心,不断拓展市场的广度。另一方面,BH 致力于利用现有的客户资源,向他们提供更多样化的服务。BH 的交叉销售计划主要致力于向全服务中心的客户推广后续保育服务和教育咨询业务。2013 年以来,在 BH 使用两种以上服务的客户数量获得了成倍的增长,达到了 230 家企业。

招生数量驱动营业收入上涨。BH 在 2015—2017 财经年度间营业收入保持稳定的增长,2016 年和 2017 年的增速分别为 8% 和 11%。毛利率三年内都保持在 25%。根据公司财务报告,招生数量的增加为营业收入上涨的主要因素,并且学费按每年 3%—4% 的固定增长率持续增长。而服务中心总数增长率较小,为 0.29%。全球服务中心总共可容纳约 116000 名儿童。北美地区平均每个服务中心可以为 127 名幼儿提供服务。欧洲和其他地区平均每个服务中心可以为 83 名幼儿提供服务。

二、Grand Canyon Education

Grand Canyon Education 主要业务是经营美国亚利桑那州私立基督教学校——大峡谷大学。大峡谷大学成立于 1949 年,具有悠久的历史。大峡谷大学设有 9 个院系,为学生提供超过 225 个本科、硕士和博士学位项目。大峡谷大学凭借良好的教学质量和教学资源获得过美国北部高等教育委员会 HLC 的院校认证。

低廉的学费保证超高的性价比。大峡谷大学提供的本科在线学习课程学费约为每学分 355 美元至 470 美元,研究生在线课程学费约每学分 330 美元至 640 美元,而大峡谷大学的主要竞争者提供的学费约在每学分 510 美元至 1312 美元之间。在获得奖学金后,大峡谷大学线下本科学生每年花费的总开销仅相当于其他私立学校的三分之一至一半,与普通公立大学的学费相近。

线上课程和灵活的授课形式深受在职学生欢迎。大峡谷大学为学生提供远程在线学习,在读学生中约 79.1% 的学生就读线上学习项目。大峡谷大学允许学生自行选择授课方式,既可以选择完全采取远程学习模式,也可以选择以线上、线下课程结合的形式完成学习,学生线下亦可在多个校园或教学地点进行学习。这种灵活的授课形式让学生——尤其是在职学生能够克服不便、顺利完成学业,而不会影响到日常的工作。另外,不论线上还是线下课程,大峡谷大学都坚持实施小班教学模式,一定程度上保证了授课的效率和质量。

线上课程的普及加深未来业绩风险。随着越来越多的美国大学为在职学生开设在线课程,大峡谷大学的盈利模式也面临着一定的风险。大峡谷大学主要的应对举措是逐步树立品牌形象,增大奖学金发放力度,吸引优秀的学生就读,试图将业务重心由线上在职教育逐步转移向传统的本科线下教育。

营业收入增速平稳,毛利率和净利率维持在较高水平。大峡谷大学 2015—2017 财经年度的营业收入增速保持在 12% 左右,毛利率维持在 58% 左右的水平,净利率在 17%—21% 之间。大峡谷大学的学费在过去九年内没有过任何变化,营业收入增长完全来源于入读学生数量的增长。

三、诺德安达

诺德安达成立于 1972 年,公司旗下设有 43 所优质的国际学校,教育资源涵盖了由幼儿园至中学的各个阶段,业务覆盖中国、欧洲、中东、东南亚和北美地区。公司于 1997 在伦敦证券交易所主板上市,2008 年被霸菱亚洲私募股权基金收购,并从伦敦证券交易所退市。2014 年,公司再度在纽约证券交易所上市成功,股票代码 NORD,挂牌价 17 美元。三年后,诺德安达再次被霸菱亚洲私募股权基金私有化,收购价格 32.5 美元,价格接近翻倍。

精准的市场定位促进业务在全球范围内扩张。诺德安达开辟区域市场的原则是将校址选在外商直接投资高、侨民数量多、居民收入增长快的地区。公司的主要目标客户是想让子女获得国际化教育的高端客户群体。当地的侨民是诺德安达主要客户来源之一,这些客户大多数学费由其就职的公司缴纳,将其作为员工福利的一部分,帮助外籍员工子女获得更优质的教育。这些公司在很大程度上依赖高素质的外籍工作人员,诺德安达的高品质服务能够帮助这些公司招募到更多优秀的外籍员工。

优质的教育资源保证了就读学生出色的学业表现。诺德安达提供非常优质的双语课程,过去几年中,诺德安达的学生在标准化考试中获得了相当出色的表现。2016 年间,平均每三个从诺德安达毕业的学生中就有一个收到 QS 世界大学排名前 100 的大学录取信。2016 财经年度,诺德安达职工总人数为 7160 人,其中教师 4719 人,生师比约为

8.1∶1(包含非全日制学生),低于平均值,一定程度上保证了更高的教学质量。

合理的商业模式带来高盈利能力。诺德安达对学生收取的学费每年会增加约 4%—5%,保证了营业收入的稳定增长。诺德安达定位在高端市场,客户对价格的敏感度偏低,价格需求弹性较小,因而具有较强的市场定价能力,毛利率稳定在 40% 左右。另外,诺德安达主要营业收入由缴纳学费获得,公司表现出很强的现金增殖能力。诺德安达2016 财经年度的营业收入中几乎一半都是在 2015 年 8 月 31 日之前收到的。

轻资产模式提高资本利用效率。诺德安达下属的私立学校大多数由房地产公司出资建造。这些房地产公司的目的在于引入高质量的教育资源,完善房地产公司旗下的社区建设,使得社区对高净值人群更具有吸引力。诺德安达通常与房地产公司保持着长期合作关系,从房地产公司手中租赁校舍。这种做法极大地提高了资本效率,减少了前期的资金投入,降低了业务成本。

营业收入增速迅猛,净利率保持高速增长。诺德安达在 2015 财经年度和 2016 财经年度营业收入的增速分别是 21% 和 49%,主要收入来源于中国和欧洲市场。2014—2016 财经年度,诺德安达的净利率分别为−19%、1% 和 6%,增幅明显,主要是由于公司在北美地区、欧洲和东南亚地区的业务得到了迅速发展。诺德安达于 2014 年至 2016 年间收购了位于中国、美国、瑞士、柬埔寨等国家的 12 所学校,不断扩张业务的区域范围。

四、Kaplan

Kaplan 是全球知名教育服务机构,其母公司为纽约证券交易所上市公司 Graham Holdings Company。Kaplan 拥有超过 31000 名员工,业务遍布全球。Kaplan 总部位于美国纽约,旗下国际品牌 Kaplan International 总部设在英国伦敦。公司通过旗下丰富的教育品牌和产品,全球总计已经服务超 100 万名学生。Kaplan 主要服务是为想要进入优秀高等教育机构的学生提供标准化入学考试的备考服务和丰富的学习资源,如学术能力评估测试(SAT)备考服务、大学预科课程等。

准确抓住客户痛点,有针对性地拓展市场。Kaplan 在 1938 年刚刚成立时,由创始人斯坦利·卡普兰(Stanley Kaplan)为美国移民子女教授语言和大学入学考试的培训课程,公司在后期的扩张过程中展现出对客户需求的精准把握,多布局在高校入学辅导、专业执证(如医学从业执照)考试培训和在职人员学位项目等对于学生客户而言投资回报率颇高的教育领域。Kaplan 也因此获得了丰厚的利润,摇身成了 Graham Holdings Company 旗下业绩最好的子公司。

利用战略收购进行产业链扩张。Kaplan 的战略收购计划通过收购不同类型的教育机构,丰富着产品种类,拓展业务范围。比如 Kaplan 通过收购 Score Learning Inc.成功打入 K-8 市场;收购职业教育公司 Dearborn Publishing,开启了在职训练业务;收购 Quest Education Corporation,进军高等教育行业;以及收购美国在线职业教育公司 SmartPros,奠定了公司在会计职业培训行业的领先地位。

第三节　教育行业海外并购案例分析

凯文教育和博实乐教育收购海外教育服务提供者的举措是中国教育企业海外并购的典型案例。一方面,中国企业可以利用海外教育资源,对国内的教育课程进行补充和升级,并设置各种国际交流项目,扩大公司品牌的影响力;另一方面,这种合作也可以帮助外国教育机构开拓中国市场,实现双赢。

凯文教育收购美国威斯敏斯特合唱音乐学院

2018 年 6 月 21 日,凯文教育宣布以 4000 万美元正式收购美国瑞德大学(Rider University)下属的威斯敏斯特合唱音乐学院(Westminster Choir Colle 通用)、威斯敏斯特音乐学校(Westminster Conservatory of Music)和威斯敏斯特继续教育学院(Westminster Continuing Education)。协议约定,瑞德大学将其专为三所学院各自运营和业务的相应资产及该资产的一切权属利益转让给文华学信或其新设立的机构。

凯文教育是北京市海淀区国有资产监督管理委员会旗下上市公司,是 A 股唯一纯正的有国际学校业务的教育公司。凯文教育旗下拥有北京海淀凯文学校和北京朝阳凯文学校两所实体学校。凯文教育的控股股东为八大处控股集团有限公司,实际控制人为北京市海淀区人民政府国有资产监督管理委员会,国资背景以及来自北京市海淀区的丰富教育资源将有利于公司在教育行业的进一步发展。2016 年至 2017 年间,公司在教育服务行业的收入由 110.3 万元增长到 9162.2 万元,占总收入比重由 0.34% 增长到 14.77%。随着原桥梁业务的剥离和入学率的提升,凯文教育成为目前 A 股市场上最纯正的教育标的,未来公司营业收入将全部来自教育行业。我们预计 2018 年收入进一步提升,净利润继续维持微利水平,2019 年进入到利润收获期。凯文教育未来将逐步建设包含 K12 国际学校教育、体育及艺术培训、营地教育、品牌输出、上下游培训的国际教育生态产业链。在战略上,公司以实体学校为依托获取资源背景、品牌效应与受众群体,以体育培训、艺术培训、营地教育、品牌输出与上下游培训为盈利点。体育培训、艺术培训作为公司正在筹划的核心盈利业务,势必会是公司未来布局的关键点。本次收购也是为了在艺术特长上进一步与国际接轨。

威斯敏斯特合唱音乐学院、威斯敏斯特音乐学校和威斯敏斯特继续教育学院位于美国新泽西州,隶属于瑞德大学,专业从事音乐艺术专业的高等教育。威斯敏斯特合唱音乐学院成立于 1926 年,大约有 320 名本科在校生和 119 名硕士在校生,师生比约为 1∶6。威斯敏斯特合唱音乐学院以其音乐教育、声乐表演、钢琴表演、教育学、音乐理论、作曲等专业而出名。该学院注重对音乐技能的培训,辅之以文科学习。威斯敏斯特音乐学校成立于 1970 年,有 120 多名教职人员。威斯敏斯特音乐学校面向各个不同年龄层次、技能水平、经济背景的音乐家,并提供集中的一对一课程。此外,威斯敏斯特音乐学校还提供广泛的课程和表演项目。威斯敏斯特音乐学校是美国公认的教育机构,是美国社区艺术教育协会成员。威斯敏斯特继续教育学院提供暑期项目、专业发展论坛、国际交流学习机会,以及一些为初高中学生和成人开展的夏季项目。

　　三所院校主要的收入来源是就读学生的学费。威斯敏斯特合唱音乐学院学费约为每年 37650 美元,总的学习成本约为每年 52000 美元。学校提供 6 个本科生项目、13 个研究生项目和 1 个荣誉课程项目,共设有 8 个合唱团。威斯敏斯特音乐学校主要提供一对一课程,学费按小时计算,正式教师授予的课程约每小时 72—80 美元,实习教师课程约每小时 53—60 美元。威斯敏斯特继续教育学院主要提供暑期项目,项目总学费为 1850 美元,学生可获得 3 个学分,非学分项目的学费为650 美元。

　　本次收购双方的协同效应很强。凯文教育力图打造"K12 实体学校+体育、艺术培训+营地教育+品牌输出"产业链,收购威斯敏斯特三所学院是其战略布局的重要组成部分。凯文教育曾与英国曼城足球俱乐部、美国职业棒球大联盟、加拿大冰球俱乐部等体育资源签署长期合作协议,并将与英国曼城足球俱乐部联手打造凯文曼城足球学校。与打造足球学校的决定类似,收购威斯敏斯特艺术学校也是凯文教育在素质教育领域进行战略布局的重要举措之一。凯文教育将利用威斯敏斯特三所院校的音乐教育资源,对国内的 K12 教育课程进行补充和升级,并设置各种国际交流项目。三所院校将为凯文教育带来更丰富的服务品种,有助于满足不同目标客户群体的多样化需求。一方面,收购威斯敏斯特三所院校将有助于提升凯文教育的声誉,扩大公司品牌的影响力;另一方面,凯文教育将为威斯敏斯特三所院校开拓中国市场,输送更多中国的艺术类学生进入威斯敏斯特三所院校交换或学习,威斯敏斯特三所院校对凯文教育的用户复用将有助于扩大总的营业收入。此次并购的开展也可以增加威斯敏斯特三所院校在中国市场的知名度,凯文教育在国内的宣传将有利于三所院校吸引更多中国学生入读。另外,凯文教育还计划举办商业音乐演出,以及在中国出售威斯敏斯特三所院校制作的音乐。

从产业链扩张的角度来看,收购完成后凯文教育经营链条将由 K12 教育延伸到高等教育阶段,为其学生毕业后的高校进修之路进行了良好的铺垫。从区域拓展的角度来看,本次收购是凯文教育布局国际市场的开端,跨文化经营的经验积累将有助于公司未来进一步开拓海外市场。从营业收入的角度来看,凯文教育的业务发展尚处于初步阶段,将威斯敏斯特三所院校纳入旗下能够极大地帮助公司增加总收入。

收购美国的全日制中小学和全日制高校或迎来机会。此次收购有很强的示范性意义。近年来部分美国高等教育机构正面临着较大的财务压力,为中国公司低价收购美国高等教育标的带来了机遇。根据美国国家教育统计中心提供的数据显示,2015 年至 2016 年间共有 66 家美国高等院校关停。2018 年 1 月,标准普尔全球评级针对 2017 年美国高等教育行业发布了评级情况。评级报告显示,尽管大多数美国院校仍获得了 A 或 A+的评分,评级情况较为稳定,但是 2017 年教育行业的评级表现总体低于预期。标准普尔全球评级认为伴随着学生对教育资源预期的提高和支付意愿的降低,以及税收政策改革和利率上升趋势,美国高等教育机构将面临越来越大的资金压力和经营风险。而中国教育行业恰恰相反,支付意愿和出海意愿极强,同时也符合国家进一步对外开放的政策方针。

同时境外收购面临法律和文化的风险。一方面美国诸多学校为非营利性,且涉及宗教和慈善组织,可售性需要进一步商榷;另一方面美国学校对收购方的背景、文化理念等要求较高,收购方要具备将学校做大做强的能力。自 2015 财经年度以来,威斯敏斯特合唱音乐学院累计损失约 1070 万美元,凯文教育需要尽可能地帮助威斯敏斯特合唱音乐学院挽回亏损局面,才能实现双赢。另外,海外并购从大环境上也面临国际政治关系的挑战。

第四节　总结与建议

我们认为中国教育市场早幼教、K12 教育领域的景气度最高。从线上线下的维度看,线下教育企业经营稳定,但全国性扩张、做大做强难度较大。而互联网教育才露尖尖角,最先在成人考证领域崭露头角,目前在少儿英语领域如火如荼。

并购重组方面,A 股的教育并购重组案件有所减少,大部分为线下的早幼教、K12 课外辅导和职业培训。港股教育公司多以全日制中小学和高校为主,其并购也是同类学校的横向扩张。美股教育公司涵盖了好未来、新东方两大龙头企业,均有全产业链投资并购。海外教育并购目前案例较少。我国 K12 教育阶段有较强的中国特色,与海外结合度不强。但是早幼教、留学、互联网教育方面,可以和海外市场协同并进。所有海外经营成熟的全日制中小学、特色大学、互联网教育公司、游学/素质教育公司等均为可发展对接的方向。

附录　中国教育企业主要海外并购项目列表

并购买方	并购标的	交易时间	交易金额	交易内容
51Talk	美国国际学校（American International School of Utah，AISU）	2016年11月	未公布	公司收购了美国K12教育学校AISU。
Achieve Education	英国切斯文法学校（Chase Grammar School）	2015年10月	未公布	公司收购了英国私立学校切斯文法学校。
海航控股	法国航空特长高等学院	2013年8月	未公布	公司全资收购了法国航空特长高等学院。
孔裔国际教育集团	英国RiddlesworthHall	2015年3月	超过1亿元	公司收购了英国私立学校RiddlesworthHall。
勤上实业（香港）有限公司	澳大利亚爱迪教育集团	2016年12月	29亿元人民币	公司全资收购澳大利亚爱迪教育集团，在中国开展K12国际学校教育。
网龙公司	英国在线教育公司Prometheam	2015年11月	1.3亿美元	公司全资收购英国在线教育公司Prometheam。
伟东云教育集团	法国Demos培训集团	2016年2月	未公布	公司收购了欧洲第二大职业教育集团/平台法国Demo培训集团。
伟东云教育集团	法国布雷斯特高等商学院（又名"法兰西商学院"）	2016年10月	未公布	公司获法国布雷斯特高等商学院70%股权，并将合作建立布雷斯特高等商学院中国校区。
千百度国际控股有限公司	伊顿国际教育集团有限公司	2017年7月	7940.9万美元	公司收购伊顿已发行股本的45.78%。

第 七 章

我国企业海外并购的思考与建议

目前,在全球经济普遍发展缓慢,而我国正面临第三轮消费升级的趋势下,海外并购是解决我国企业发展瓶颈、实现转型升级并进一步带动经济增长的有效途径。

企业并购分为水平并购和垂直并购[1]。顾名思义,水平并购指的是通过企业间的水平整合,追求规模效益。垂直并购即同一产业链上下游企业间的并购,是产业链的并购整合。而更高段位的并购是形成产业群并更新企业的主营业务和核心竞争力,当然这也是难度最大的。海外并购相较国内并购而言,操作风险和执行难度更大,但若并购得当,收益也更大。海外并购的主要目的可大致分为以下六种:(1)先进的核心技术:通过并购可将企业的现有技术更新,或者直接获得超越现

---

[1] 李海燕:《中国企业并购后的整合问题探析》,《河南师范大学学报(哲学社会科学版)》2016 年第 6 期。

有技术几年甚至更久的新技术;(2)市场份额:主要体现在规模效应明显的行业;(3)协同效应:一种是业务内容上的协同,另一种是将中国市场和外国品牌或者技术相结合;(4)当地特殊牌照:例如金融相关行业牌照;(5)销售渠道;(6)先进的管理理念和人才。总体而言,无论哪种海外并购,最终目的一定是要落在增强企业的核心竞争力上。

中欧国际工商学院副院长丁远指出,中国企业"国际化"的发展战略路径有三个阶段:第一步,企业通过海外并购获得资源和能力;第二步,将这些资源应用到中国市场提高竞争优势,希望成为中国市场同行业中的佼佼者;第三步,将并购所得的资源和能力在全球范围铺开,获得更多价值提升。我国企业可抓住此次消费升级带来的需求爆发机遇,通过海外并购提升核心竞争力,拾级而上,逐渐步入全新发展阶段。

一笔好的海外并购交易,能最终成功实现企业国际化的战略路径,"天时""地利""人和"三个因素缺一不可。

第一节　天　时

经过 40 年改革开放的飞速发展,我国社会居民财富不断增加,居民的消费理念和大众消费结构也在日益更新。我国相关产业的领先企业在经历了几十年的迅猛发展后,具备了一定的经济实力和海外并购基础,同时在原有产品市场的发展空间已非常有限。而国外的很多优秀企业,由于受到金融危机的冲击和宏观经济发展缓慢的影响,经营陷入泥潭,正处于财务危机甚至破产的边缘,急需寻找买家摆脱困境;也有一些公司因为面临家族继承的难题,不得不寻找买家以解决后续发展问题。同时,国外的一些大公司,如通用、西门子等,也在积极陆续剥离非主营产业的相关业务。这些企业通常在某一领域都做到了极致,且管理经验先进,员工素质较高,规模适中,是我国企业进行海外并购的良好选择。

海外并购标的的行业选择也很重要。与周期性较强的大宗商品等行业不同,消费行业特别是必需消费品的周期性较弱,甚至在经济不景气时,会出现由于人们仍然有强烈消费欲望带动的"口红效应"。由此来看,特别是在宏观经济发展缓慢时期,消费行业的海外并购相较于其他周期性强的行业并购风险较小。

第二节　地　利

进行海外收购的第一步需要企业对自身的综合实力、发展战略进行全面细致的评估,对并购目的有明确的认知,制定可实现的发展目标和清晰的指引。特别是要真实有效地明确收购标的的资产质量、相关技术和专利等对收购方公司的真实价值,避开陷阱,避免盲目投资。同时,收购标的最好与收购方的主营业务有一定相关性,这样一是利于并购后的发展协同效应,二是如果被收购方认为自己和收购方主营业务关联度低,会担心自身面临在短时间内被转手甩卖以达到套利的境遇,以此带来被收购方的抗拒甚至所在地政府的干预。

第二步,双方政府监管审批。2017 年 12 月,国家发展和改革委员会发布了《企业境外投资管理办法》，统筹推出了八项改革举措，加强了境外投资宏观指导，优化了境外投资综合服务，突出简政放权，逐步简化审批流程，进一步便利了我国企业的境外收购和投资。

海外方面，常见的政府审批有反垄断审查、国家安全审查、中国企业需要完成的境外投资审批备案登记等程序。由于各国反垄断法及其他法律的差异、审查标准和审查时间的迥异会导致审查结果不同并影响到交易的成败，从而给收购带来一定的不确定性。同时还要特别注意审批时间，不排除由于时间较长导致双方无法在约定时间内完成相关流程而影响交易。此外，由于部分企业自有收购资金不足，要在国内或国际市场借贷或发行债券筹集资金，相关审查程序一旦启动，便会相应增加收购的时间长度。而一旦时间加长，不排除会发生各种超出预期的状况，比如被收购方股东变卦，或对方国家政府干预。

第三节　人　和

海外并购最大的难点和最主要的关键点就是并购后的整合。如何将双方的品牌资源、管理经验、市场渠道、先进技术、高素质人才等核心资源整合好才是实现并购价值预期的关键，需要系统推进并购后的整合过程，控制过程中的风险，实现资源的有效配置，建立规范的企业治理结构，尽可能坚持文化整合中的求同存异，才能达到互惠互利的初衷。

第一，要增加彼此的相互了解，特别是获取被收购方的信任。通常,改变会带来关系的不确定,从而导致焦虑和相互猜疑。特别是当新的企业拥有者是来自不同国家和文化背景时,这种情感更加会被放大。对此,我国企业应注重沟通方式,适当情况下可考虑聘用国际收购经验丰富的中介公司帮助以积极化解海外利益相关方对于我国投资方的各种猜疑,将管理外方心理情绪因素的考量融入各个方面的具体规划和实施中,促进双方的并购整合进程。例如,收购前可积极规划媒体报道,从而为后续收购的宣布和整合的实施做好心理预期和铺垫;尽早向对方传递关键承诺信息(如保留工厂的长期承诺等)、言行一致并落实到位。也可以聘请目标公司已退休首席执行官或其他相关关键人物担任特殊顾问,借助其影响和声望传达可信的收购者声誉。通过打造友好温和的情绪氛围,为并购后整合的执行顺畅奠定良好基础。

第二,在企业文化和人事制度上尽量尊重被收购企业,在符合公司发展所需能力的前提下,尽可能保留被收购方之前的管理团队和员工,一方面可弥补自身所缺乏的本地运营经验,同时尽可能增加外籍员工对中国企业的认同感,减少当地工会的不利影响。在经营战略、业务模式、企业文化、人事制度、IT 系统方面,可采取国内企业主导(或业绩优良企业主导)、相互间慢慢融合、"润物细无声"的方式,同时要考虑到不同行业或者同一行业不同细分领域、不同地域工资水平的差异化管理,以更利于企业的长期健康发展。

第三,海外并购对国内企业管理层同样是个巨大的挑战。企业的管控模式发展同样需要紧跟国际化进程。全球化的治理管控模式需要在彼此间寻求一个平衡点,进而形成明确的决策机制、协调与合作机制,以及信息沟通和相关规定流程。国内企业可在市场上招聘有国际化并购或运营经验的高端人才,同时对公司管理层和员工进行相关培训,打造具备国际化能力的组织体系和团队,制定行之有效的计划和执行跟踪等管理工具。20 世纪 80 年代,日本和韩国企业不断在海外进行收购,但是大部分收购始终无法实现最初的预期。究其原因,最关键因素在于语言障碍、文化差异敏感度较低,以及对不同企业文化的接受能力较差。

中国企业逐步融入海外公司的经营管理,一般需要三到五年的周期。在一些国情特殊的国家或者行业,往往需要更长的时间。经过了这个磨合期,双方融合起来会便利很多。

公司名称索引

公司简称	公司全称
瑞士信贷	瑞士信贷银行股份有限公司
歌力思	深圳歌力思服饰股份有限公司
九牧王	九牧王股份有限公司
七匹狼	福建七匹狼实业股份有限公司
海澜之家	海澜之家股份有限公司
森马服饰	浙江森马服饰股份有限公司
安踏	安踏体育用品有限公司
海欣股份	上海海欣集团股份有限公司
李宁	李宁(中国)体育用品有限公司
AIGLE	艾高(中国)户外体育用品有限公司
LOTTO	意大利鞋子品牌
中国动向	中国动向(集团)有限公司
KAPPA	意大利运动及休闲服装品牌
PHENIX	菲尼克斯品牌
奥康集团	奥康集团有限公司
朗姿股份	朗姿股份有限公司

玛丝菲尔	深圳玛丝菲尔时装股份有限公司
格力电器	珠海格力电器股份有限公司
美的集团	美的集团股份有限公司
青岛海尔	青岛海尔股份有限公司
老板电器	杭州老板电器股份有限公司
华帝股份	华帝股份有限公司
三花智控	浙江三花智能控制股份有限公司
苏泊尔	浙江苏泊尔股份有限公司
九阳股份	九阳股份有限公司
飞科电器	上海飞科电器股份有限公司
国美	国美控股集团
淘宝	浙江淘宝网络有限公司
京东	京东集团
大金工业	大金工业株式会社
伊莱克斯	伊莱克斯股份有限公司
日立	Hitachi, Ltd.
通用家电	美国通用家电
东芝	日本东芝集团
施耐德	施耐德电气有限公司
汤姆逊彩电	法国汤姆逊公司生产的彩电
电路城	一家美国的消费电子连锁商店,位列美国第二大之位
三洋	日本三洋电机公司
瑞德	德国瑞德电子有限公司
三星电子	韩国最大的电子工业企业
LG 集团	韩国 LG 集团
新西兰斐雪派克	新西兰斐雪派克电器控股有限公司
Clivet	意大利克来沃集团
St Hubert	法国健康食品百年品牌
米兰映像	意大利沙发生产商

邦宝益智	广东邦宝益智玩具股份有限公司
寓乐湾	北京寓乐世界教育科技有限公司
鲨鱼公园	上海鲨鱼公园教育科技有限公司
乐创教育	北京乐创教育科技股份有限公司
盛通股份	北京盛通印刷股份有限公司
达内科技	达内时代科技集团有限公司
北大青鸟	北京阿博泰克北大青鸟信息技术有限公司
千锋教育	北京千锋互联科技有限公司
华图教育	北京华图宏阳教育文化发展股份有限公司
中公教育	中公教育集团
中华会计网校	正保远程教育旗下知名主打品牌网站之一
东奥会计在线	东奥时代教育科技有限公司旗下网站
中公会计	北京中公教育科技有限公司旗下网站
嗨学网	北京嗨学网教育科技股份有限公司
高顿财经	高顿教育集团旗下品牌
恒企教育	上海恒企教育培训有限公司
正保远程	正保远程教育集团
Grand Canyon Education	大峡谷教育公司 Grand Canyon Education, Inc.
Achieve Education	智库教育有限公司
海航控股	海南航空控股股份有限公司
网龙公司	网龙网络控股有限公司
RiddlesworthHall	瑞德沃斯豪尔学校,位于英国诺福克

数据来源索引

公司简称	公司全称
Wind	万得信息技术股份有限公司
中投研究院	中国投资有限责任公司的研究部门
CEIC	香港环亚经济数据有限公司
中金公司研究部	中国国际金融有限公司
苏宁金融研究院	苏宁金融旗下的大型专业研究机构
EIU	The Economist Intelligence Unit，是经济学人集团（The Economist Group）旗下的经济分析智囊机构
BCG	波士顿咨询，Boston Consulting Group
麦肯锡	麦肯锡公司，McKinsey & Company
标准普尔金融数据库	美国著名全球财务分析资料库标准普尔的金融数据库
Euromonitor	（欧睿）信息咨询公司
申万宏源	上海申银万国证券研究所有限公司
中商产业研究院	深圳中商产业研究院有限公司
智研咨询	北京智研科信咨询有限公司

德勤咨询   德勤咨询公司,是德勤集团主管咨询业务的子公司

Frost & Sullivan   弗若斯特沙利文咨询公司

后　记

中投研究院立足为中投公司战略和内部投资决策提供独立、客观和前瞻性的研究支持，并在此基础上为国家提供金融经济改革方面的政策建议，长远目标是要打造具有一定社会和国际影响力的"智库"和为公司及中国金融体系储备和培养人才的"人才库"。"跨境投资导读"系列丛书即研究院响应党的十九大报告提出的"创新对外投资方式"的重大战略部署，对国内企业跨境并购与投资进行的一次系统梳理和总结，希望为国内产业界和投资界在对外投资的目标和方式选择上提供决策参考。

本书聚焦消费行业的跨境投资，由赵墨盈总执笔。

消费行业广纳百川，虽然我国消费业近些年发展迅猛，龙头企业愈发集中，但具有一定规模跨境投资能力的企业仍占少数。本书挑选了五个消费行业进行分析，覆盖国内外市场，内容广泛，仅凭一己之力难以成型。为此特别感谢中投公司各位领导、同事、朋友的热心指导和鼎力相助！感谢申万宏源证券和天风证券诸位分析师的大力支持,他们是:申万宏源证券的陈泽人、武楠、马王杰、潘瑶、屠亦婷、马晓天;天风证券的刘章明、周伊。同时,还要感谢海通证券的陈子仪和闻宏伟帮忙联系国内企业进行访谈,感谢中投公司投资运营部陆文雅在数据统计上的相关帮助！最后衷心感谢人民出版社的编辑在出版工作中的辛苦付出！有何错误或不足之处,欢迎读者指正。

责任编辑:关　宏　曹　春
封面设计:汪　莹

图书在版编目(CIP)数据

中国消费企业跨境投资导读/中国投资有限责任公司研究院 编写. —北京:
　人民出版社,2020.1
ISBN 978－7－01－019984－9

Ⅰ.①中…　Ⅱ.①中…　Ⅲ.①企业-跨国兼并-影响-消费力-研究-
　中国　Ⅳ.①F126.1

中国版本图书馆 CIP 数据核字(2018)第 244978 号

中国消费企业跨境投资导读
ZHONGGUO XIAOFEI QIYE KUAJING TOUZI DAODU

中国投资有限责任公司研究院　编写

人 民 出 版 社 出版发行
(100706　北京市东城区隆福寺街 99 号)

北京盛通印刷股份有限公司印刷　新华书店经销

2020 年 1 月第 1 版　2020 年 1 月北京第 1 次印刷
开本:710 毫米×1000 毫米 1/16　印张:13.5
字数:153 千字

ISBN 978－7－01－019984－9　定价:48.00 元

邮购地址 100706　北京市东城区隆福寺街 99 号
人民东方图书销售中心　电话 (010)65250042　65289539